W0056233

EUROPAVERLAG

Yitzhak Goldfine
Peter Mathews

DIE WAHRHEIT HINTER DER WAHRHEIT

Die Goldfine-Akten

EUROPAVERLAG

© 2016 Europa Verlag GmbH & Co. KG,
Berlin · München · Zürich · Wien
Umschlaggestaltung: © HildenDesign, München. www.hildendesign.de
Umschlagmotiv: © HildenDesign unter Verwendung eines Motivs
von shutterstock.com und eines Fotos von © Cyril Schirmbeck
Redaktion: Rüdiger Dammann
Layout und Satz: BuchHaus Robert Gigler, München
Druck und Bindung: Pustet, Regensburg
ISBN 978-3-95890-075-2
www.europa-verlag.com

INHALT

VORSPIEL

Shalom, mein Name ist Yitzhak Goldfine. Ich bin Strafverteidiger. Man kommt zu mir, wenn alles verloren scheint. Meine Mandanten sind oft in einer ausweglosen Lage, manchmal unverschuldet, meistens durch eigenes Tun. Alle wollen, dass ich ihnen helfe. Ganz gleich, wie. Ihnen geht es nicht um die Wahrheit, denn die hat viele Gesichter und gute Verstecke. Sie wollen einen Freispruch, ein mildes Urteil oder die Lösung ihres Problems. Das »Wie« interessiert sie in der Regel nicht. Das ist meine Aufgabe. Und von dem »Wie« werde ich erzählen.

Recht und Gerechtigkeit haben oft nichts miteinander zu tun. Unser Rechtssystem ist häufig überfordert, Recht zu sprechen und gleichzeitig für Gerechtigkeit zu sorgen. Auch zwischen gut und böse verläuft oft nur ein schmaler Grat. Manchmal wird aus einer guten Absicht eine Straftat, manchmal ist ein Gesetzesverstoß der letzte Ausweg, um größeres Unrecht zu verhindern. Das Recht auf Widerstand gegen eine ihrer Meinung nach ignorante Psychiatrie nahm zum Beispiel Tamar S. in Anspruch, als sie einem Mörder zur Flucht verhalf. Letztlich wurde im Prozess aus der Angeklagten eine Anklägerin.

Den meisten Verbrechen liegt die Sucht nach Geld, Macht oder Sex zugrunde, das habe ich in meiner Arbeit sehr bald erfahren müssen – und das »weiß« auch die öffentliche Meinung. Tatsächlich wurden viele Fälle durch Vor-Urteile schwierig. Vor allem bei prominenten Angeklagten glaubten die Öffentlichkeit und die Medien oftmals bereits vor Abschluss der Beweisaufnahme zu wissen, was passiert war und wie das Urteil zu lauten hätte. Ich habe die sogenannte »vierte Gewalt« wenn nötig in meine Prozessstrategien einbezogen und bin dafür gelegentlich kritisiert worden.

Der Fall Rudolf Kasztner, in dem aus dem Zeugen in einem Beleidigungsprozess ein Angeklagter wurde, der, als er »auspacken« wollte, ermordet wurde, war zu Beginn meiner Berufslaufbahn das Schlüsselerlebnis. Wie dieser Prozess auch bestimmend war für Fragen, die mich mein Leben lang nicht nur als Jurist beschäftigt haben: Wie ist es um das Verhältnis von Deutschen und Juden bestellt? Was hat es mit dem »Bösen« auf sich? Und trifft es zu, dass manche Taten nur in einem historischen und politischen Zusammenhang richtig zu beurteilen sind?

Ich bin seit fast fünfzig Jahren im »Geschäft«, und in meinem Archiv liegen die Akten von über 300 Strafverfahren aus aller Welt. Einige Namen meiner Mandanten werden Ihnen bekannt vorkommen, die Presse berichtete über viele meiner Fälle. Aber die Akten sind immer nur ein Teil des Geschehens, die Urteile nur das Ergebnis. Der andere – und oft interessantere – Teil der Geschichten ist die Wahrheit hinter der Wahrheit. Ich erzähle, wie ich in meinen Fällen zur Lösung des Problems gekommen bin. Viele Wege führen bekanntlich nach Rom, und meine Erfahrung sagt, auch Umwege führen manchmal ans Ziel. Die Aufklärung eines Mordes in Hamburg liegt manchmal in Moskau, manchmal in Las Vegas oder nur einen halben Meter neben dem Fundort der Leiche entfernt. Oft findet man die Lösung auch nicht vor Gericht, sondern in der Geschichte.

Ich will erzählen, auf welche Weise ich eine Reihe meiner Fälle gelöst habe, und dabei nicht mit komplizierten Erläuterungen von Rechtspositionen langweilen, das ist nicht meine Sache. Ich habe Standardwerke über das jüdische und israelische Recht verfasst, aber mein beruflicher Ehrgeiz besteht nicht darin, spitzfindig zu sein. Meine Sache ist, den Haken zu finden, mit dem man den Fisch an die Angel, den Angeklagten aus dem Gefängnis, den Betrogenen wieder zu seinem Hab und Gut bringt.

Ich habe mich nie nur auf die Aktenlage und auf Paragraphen verlassen, sondern bin oft lange und mühsame Wege gegangen, um die Wahrheit zu finden. Die Besichtigung eines Tatorts und ein Zentimetermaß können manchmal mehr wert sein als ein Kreuzverhör, ein übersehenes Detail in einem Lebenslauf eher der Schlüssel zur Lösung einer ausweglosen Situation als eine juristische Auslegung.

Einem Anwalt geht es um die Interessen der Mandanten, denen er mit juristischer Kunst zum Sieg verhelfen soll, Recht und Gesetz sind nur die Verkehrsordnung im Dschungel des Lebens. Fakten sind die Bau- oder Stolpersteine auf dem Weg zum Ziel. Oft sind es die Kleinigkeiten, die bei der Suche nach der Wahrheit vor Gericht über Freispruch oder Lebenslänglich entscheiden, indem sie den Hintergrund dieser Wahrheit auszuleuchten helfen.

Zu solcher »Wahrheit hinter der Wahrheit« gehört auch, dass die in diesem Buch geschilderten Fälle zwar alle wahr sind, aber nicht alles, was auf den folgenden Seiten steht, auch genau so passiert ist. Was man sich als Jurist nicht erlauben kann, nämlich Dinge ausschmücken, darf ein Autor sehr wohl, manchmal muss er es tun. Dafür gibt es den schönen Begriff der »dichterischen Freiheit«. Es geht in den von mir geschilderten Fällen um das Beispiel, das Exemplarische. Im jüdischen Recht kennt man diese Methode als »Schot«. Es sind Fragen und Antworten zu Rechtsfragen, die seit dem 13. Jahrhundert gesammelt und als Beispiele herangezogen werden.

Wo es nötig war, habe ich Namen und Orte geändert, in den Fällen, wo es um Personen und Fälle der Zeitgeschichte geht, so genau wie möglich geschildert. Auf Anmerkungen und Nachweise habe ich aus Gründen der Lesbarkeit weitestgehend verzichtet.

Die Fälle und Prozesse, von denen in diesem Buch in der ersten Person Einzahl die Rede ist, habe ich selbst erlebt und geführt. Aufgeschrieben und zu Geschichten gemacht hat sie Peter Mathews, er ist der Autor hinter dem Anwalt.

Berlin, im September 2016
Yitzhak Goldfine

DER PERFEKTE IRRTUM

*Wie ein Mörder seinen Prozess plante, mit mir
als Anwalt*

Sie kamen nach Mitternacht mit einem Schlauchboot von Norden über die Grenze. An den Booten und dem Radar der israelischen Küstenwache hatten sie sich vorbeigeschlichen. Vier junge Männer in Kampfanzügen brachten den Tod in die kleine Stadt Naharija im Norden Israels.

Sie waren mit Maschinenpistolen und Handgranaten bewaffnet. Ihr Ziel waren die Bewohner des Ortes, die nach ihrer Auffassung illegal auf palästinensischem Gebiet siedelten und deshalb ihre Feinde waren. Als sie in das Hochhaus in der Jabostinskistraße 61 eindringen wollten, entdeckte sie ein Polizist und stellte sich ihnen entgegen. Sie erschossen ihn. Smadar Haran war von dem Lärm aufgewacht und öffnete die Tür ihres Appartements in dem Moment, als die Terroristen das Treppenhaus hinaufstürmten. Auch eine Nachbarin hatte ihre Wohnungstür geöffnet. Die Bewaffneten sahen sie. Frau Haran zog die Nachbarin in ihre Wohnung, schloss die Wohnungstür und rannte zu ihrem Mann ins Schlafzimmer. Der half seiner Frau, seiner kleinen zweijährigen Tochter Jael und der Nachbarin, sich in einem Zwischenboden in der Wohnung zu verstecken. Er selbst nahm die vierjährige Tochter Einat auf den Arm und machte sich auf den Weg zum Luftschutzkeller.

Im selben Moment zerbarst die Wohnungstür, und schreiende Männer stürmten die Wohnung. Frau Haran hielt ihrer Tochter den Mund zu, damit ihr Weinen nicht gehört wurde. Sie dachte an ihre Mutter, die ihr vom Warschauer Ghetto erzählt hatte und wie sie sich vor den Nazis versteckte. Die Palästinenser packten Danny, einen 28-jährigen Manager einer Textilfabrik, mitsamt seiner Tochter und zerrten und schubsten die beiden als menschliche Schutzschilde vor sich her.

Inzwischen war das Hauptquartier der israelischen Marine alarmiert. Die Terroristen warfen Handgranaten auf einen Streifenwagen, der daraufhin gegen eine Mauer raste. Die Polizisten flüchteten sich ins Gebüsch. Ein Nachbar feuerte vom Balkon auf einen der Terroristen und erschoss ihn. Die drei verbliebenen Angreifer zerrten Danny und seine Tochter zum Strand und schossen um sich. Der Anführer feuerte auf einen Soldaten und traf ihn mit drei Schüssen. Dann erschoss er Danny Haran und schlug dessen vierjähriger Tochter mit dem Gewehrkolben den Schädel ein. Die Soldaten liquidierten den danebenstehenden Terroristen. Der Kindesmörder ließ seine Waffe fallen und ergab sich mit erhobenen Händen. Er war 17 Jahre alt.

Als man später Smadar Haran, deren Nachbarin und die kleine Jael aus ihrem Versteck befreite, war das zweijährige Kind tot – von der Mutter in Panik erstickt.

Am Tag danach feierte der Führer der »Palästinensischen Befreiungsfront« den Überfall als erfolgreiche »Operation Nasser« – als Protest gegen den von Anwar al-Sadat und Menachem Begin in Camp David geschlossenen ägyptisch-israelischen Friedensvertrag. Der verhaftete Anführer des Terrortrupps, Samir Kuntar, wurde zu viermal lebenslanger Haft verurteilt. Er diente in den folgenden Jahrzehnten als Ziel von zahlreichen Erpressungs- und Befreiungsversuchen, unter an-

derem forderten die Entführer des italienischen Kreuzfahrt-
schiffes »Achille Lauro« seine Freilassung. In israelischer Haft
studierte Samir an einer Fernuniversität Soziologie, lernte Hebräisch und Englisch. Er galt den Palästinensern als Held des
Widerstands. Ein weiterer Versuch, ihn zu befreien, führte zum
zweiten Libanonkrieg 2006. Schließlich wurde er 2008 nach
29 Jahren gegen die sterblichen Überreste von zwei israelischen
Soldaten ausgetauscht.

Einige Zeit später.
Im Haus der jungen Familie Rosen (Namen geändert) klingelte
das Telefon. Leo Rosen, der gerade dabei war, bei seinem Mo-
torroller die Zündkerzen zu wechseln, nahm den Anruf entgegen. Er sagte nicht viel, nur »Ja«, »Wo?« und »Wann?«. Dabei
sah er auf seine Armbanduhr. Als er aufgelegt hatte, ging er in
die Küche, in der seine Frau den Abwasch machte. »Rachel, sie
haben wieder angerufen.«

»Wer?«, fragte sie.

»Die Einheit. Es ist eine Übung angesetzt. Heute.«

»Schon wieder? Ist etwas passiert. Ein Alarm?«

»Nein. Routine. Die wollen nur sehen, wie schnell wir
sind.«

»Bald bist du ja mehr bei der Armee als hier.«

»Kann man nichts machen. Die Lage ist ernst.«

»Aber nicht hoffnungslos«, ergänzte sie und lachte.

Leo ging in die Kammer, wo er in einem Schrank seinen
Rucksack und die Uzi, die Maschinenpistole, verwahrte.

»Debbie wird traurig sein, dass du nicht mit ihr zum
Schwimmen gehst«, sagte Rachel und sah ihren Mann an, der
sich seinen Sachen widmete.

Leo zog seine Uniform an, putzte seine Waffe mit einem Lappen ab und kontrollierte sie.

Rachel hatte schnell etwas Brot mit Hummus zusammengepackt und steckte ihrem Mann den Proviant in die vordere Tasche des Rucksacks. Der junge Reservesoldat schulterte das Gepäck, sah auf die Uhr und sagte: »Ich muss los.«

»Jetzt schon? Es ist doch erst elf.«

»Ich muss nach Negev und bei dem Verkehr …«

»Wann kommst du zurück?«

»Haben die nicht gesagt, aber ich vermute, es dauert mindestens zwei Tage. Wir sollen üben, wie man Geiseln befreit.« Er ging auf sie zu und umschlang sie von hinten.

»Pass auf dich auf.« – »Du auch.«

Er küsste sie auf den Nacken, sie sträubte sich zum Spaß.

Er sagte: »Mach keinen Unsinn.«

»Selber«, sagte sie und: »Melde dich, mein Kämpfer.«

Die Eliteeinheit hatte ihr Hauptquartier in der Negev-Wüste. Als er dort ankam, wusste man von nichts. Keine Übung, keine Blitzattacke, keine Einberufung. Er musste sich geirrt haben. Die nächste Übung wäre genau in zwei Wochen.

»Da hat wohl jemand noch geschlafen, als er am Telefon war«, sagte der Feldwebel und lächelte.

Leo nickte und sagte: »Da habe ich mich wohl geirrt.« Er kratzte sich verlegen den Kopf mit den kurzen Haaren, nahm sein Gepäck auf und fuhr zurück nach Tel Aviv. Dort angekommen, ging er nicht sofort nach Hause, sondern holte einen Freund von der Arbeit ab, um mit ihm, wie in alten Zeiten, eine Strandbar zu besuchen. Dort trafen sie andere Kumpel und alberten herum.

Gegen neun Uhr kam er nach Hause. Seine Frau war überrascht und etwas ungehalten, dass er so unverhofft wieder auftauchte. Er stellte seinen Rucksack und die Waffe vor dem

Schrank ab. Sie war gerade dabei, Debbie ins Bett zu bringen. Er gab Frau und Tochter einen Kuss und aß den Rest des Abendbrots, das seine Frau noch nicht weggeräumt hatte.

»Warum hast du nicht angerufen?«, fragte sie ihn.

Er zuckte mit den Schultern. »Habe zufällig noch Rafi getroffen. Weißt doch, wenn der einmal loslegt, dann ist alles zu spät. Sie haben die Übung kurzfristig abgesagt. Ohne Begründung.«

Sie schimpfte, dass man sich noch nicht einmal mehr auf die Armee verlassen könne.

Er sah sich die Nachrichten an. Es schien sich ein Konflikt mit der Hisbollah im Libanon anzubahnen. Leo sah die eigenen Truppen und wehende Hisbollah-Fahnen. An der Grenze hatten sie ein riesiges Plakat mit dem Attentäter von Naharija aufgestellt.

Im Kinderzimmer sang seine Frau leise ein Schlaflied. Als sie nach einer halben Stunde etwas verschlafen ins Wohnzimmer kam, lag er in einem Sessel und sagte: »Die wollen diesen Attentäter von Naharija freipressen. Weißt du, der, der die Familie Haran ermordet hat.«

»Schrecklich«, sagte Rachel und ging in die Küche.

»Wenn ich damals dabei gewesen wäre ...«, sagte er und imitierte mit Zeigefinger und Daumen die Umrisse einer Pistole: »Bäng.« Dann pustete er gegen den Zeigefinger, als würde er Rauch wegblasen.

Kurz darauf kam sie mit dem Mülleimer aus der Küche und ging zur Tür.

»Wo willst du hin?«, fragte Leo und sprang auf.

»Den Müll wegbringen«, sagte sie.

»Lass, das mache ich.« Leo nahm ihr den Eimer aus der Hand. Er ging hinaus und nahm die Stufen in den Vorgarten zur Mülltonne. Die Straße war ruhig, die Sonne ging langsam unter.

Dann sahen sie sich gemeinsam einen Film im Fernsehen an und gingen gegen 23 Uhr ins Bett.

Um Mitternacht weckte ein Geräusch Rachel. Leo schlief. Sie wollte aufstehen, aber Leo bemerkte das. »Was ist?«, fragte er.

»Da ist jemand an der Tür.«

Leo horchte und stand langsam auf. An der Haustür steckte Leos Schlüssel von innen. Es hörte sich an, als wollte jemand einbrechen. »Wer ist da?«, fragte Leo laut.

Keine Antwort. Noch einmal: »Wer ist da?«

Wieder keine Antwort. Mit schnellen Schritten lief Leo zu dem Rucksack, nahm die Uzi, stopfte ein Magazin in die Waffe und entsicherte sie. Der Soldat in ihm war wach.

»Wer da? Ich bin bewaffnet!«

Seine Frau rief: »Leo, nicht. Pass auf!«

Die Person vor der Tür schien aufzugeben. Leo hörte Schritte.

»Halt! Stehen bleiben, oder ich schieße«, rief er. In einer flüssigen Bewegung riss er die Tür auf, zielte auf den Schatten vor ihm und drückte ab. Die Uzi spuckte eine Salve aus.

Der Mann auf der Treppe fiel vornüber auf den Gehweg. Er war sofort tot. Rachel bekam einen Nervenzusammenbuch. Sie schrie unaufhörlich. Leo sah, dass er einen Nachbarn erschossen hatte. Es war Olaf, ein Soldat der UN-Friedenstruppe aus Schweden, der betrunken war und sich in der Nacht wohl im Gebäude und in der Tür geirrt hatte. Ein tödlicher Irrtum.

Ich hatte erst vor Kurzem meine Kanzlei eröffnet und bisher nur Mandanten in unbedeutenden Fällen verteidigt. Ich schrieb Abmahnungen für säumige Zahler und stritt mit Versicherungen über Autounfälle. Anwaltsalltag. Da kam der Anruf von Leos Vater wie gerufen. Er war sehr aufgeregt, und sein erster Satz lautete: »Mein Sohn hat jemanden erschossen.« Der zweite Satz: »Wir brauchen Hilfe.«

Wenn man in Israel mit dem Gesetz in Konflikt gerät, ist das eine Angelegenheit der Familie. Die Familie beratschlagt, Verwandte, Bekannte, Freunde und auch der Rabbi werden befragt, wer am besten helfen kann.

Deshalb fragte ich ihn: »Wie sind Sie auf mich gekommen?«

»Ach! Ich habe einen guten Bekannten, der kennt einen Professor an der Universität (es folgte, wie in solchen Fällen üblich, eine Ahnen- und Bekanntenkette vom heutigen Isaak zum biblischen Isaak), und der hat gesagt, nimm jemand mit internationaler Erfahrung. – Sie sind doch im Ausland gewesen? – Nimm den Goldfine, der ist jung und hungrig, ... äh ... klug, hat er gesagt.«

»Schmonzes«, sagte ich, war aber froh über das Mandat und fragte nach den Daten des Inhaftierten.

Am nächsten Tag saß ich Leo im Untersuchungsgefängnis gegenüber. Er erzählte mir die Geschichte so, wie ich sie aufgeschrieben habe. Der Staatsanwalt jedoch war von dieser Version nicht überzeugt. Weil der Fall durch den getöteten Blauhelm-Soldaten von internationalem Interesse war, erhob er Anklage wegen Mordes. Begründung: Das Opfer sei erkennbar unbewaffnet gewesen – der Mann trug ein Sommerhemd, Shorts und Sandalen. Außerdem hätte er ihm aus nächster Nähe nicht etwa ins Bein, sondern mit einer ganzen Salve in den Rücken geschossen. Und das, obwohl sich der vermeintliche Eindringling erkennbar von der Tür wegbewegt habe. Damit sei es keine Notwehr gewesen.

Offensichtlich schien mein erster Fall weder für mich noch für meinen Mandanten ein gutes Ende zu nehmen.

»Aber«, sagte Leo verzweifelt, »was wäre denn, wenn es tatsächlich ein Terrorist gewesen wäre? Hätte ich die Tür öffnen und zusehen sollen, wie er meine Frau und mein Kind abschlachtet?«

Die Diskussion um die Freilassung des Naharija-Terroristen war allgegenwärtig. Das brachte mich auf die Idee für die Verteidigung. Zum einen plädierte ich auf einen sogenannten »Tatbestandsirrtum«: Mein Mandant hatte sich ganz einfach in der Einschätzung der Gefahrenlage geirrt. Er dachte, vor der Tür würde ein Terrorist stehen, zumal das Opfer auch keine Anstalten gemacht hatte, sich zu erkennen zu geben. Seine Angst war nicht aus der Luft gegriffen bei den vielen Terroranschlägen und der allgemeinen Nervosität im Land. Zum zweiten konstruierte ich den Umstand der »Nachbarschafts-Notwehr«, eine Art erweiterte Notwehr, wie sie im Fall der Familie Haran notwendig gewesen war: Ich malte dem Gericht eine Szene aus, in der ein Soldat, der ja ausgebildet wird, sein Land gegen Angriffe von außen zu beschützen, dies nicht im eigenen Heim verleugnen kann. Einmal Soldat, immer Soldat. Die Familie ist die Urzelle der Gesellschaft, ihr gilt der Schutz des Staates. Die Armee muss diese Werte verteidigen.

Der Staatsanwalt sagte, meine Argumentation sei an den Haaren herbeigezogen. Er warnte davor, dass mit diesem Argument von nun an jeder seinen Nachbarn erschießen könne. Dagegen bemühte ich das römische Recht in Sachen Notwehr und Irrtum und sagte, dass hier kein Notwehrexzess vorliegen würde.

Der Richter folgte meinen Ausführungen und sprach den Angeklagten frei. Leo quittierte das mit einem Lächeln. Seine Frau zeigte keine Freude. Die Staatsanwaltschaft ging in Revision, und auch in der Berufungsverhandlung entschieden sich zwei der drei Richter für meine Auffassung. Leo nahm das Urteil überraschend teilnahmslos hin. Seine Frau Rachel erschien im Revisionsprozess erst gar nicht mehr.

Ich hatte meinen ersten Strafprozess gewonnen und feierte innerlich meinen Sieg.

Zwei Jahre später war ich wieder einmal in dem Ort, um einen befreundeten Kollegen zu besuchen. Sein Mandantengespräch zog sich hin, und so betrat ich ein Caféhaus, um Zeitung zu lesen, einen Tee zu trinken und meinen Gedanken nachzuhängen.

Ein Mann an der Bar beobachtete mich. Er sah etwas heruntergekommen aus, sein Hemd und seine Schuhe waren schmutzig, er war schlecht rasiert. Schließlich kam er zu mir an den Tisch. »Sind Sie der Strafverteidiger Dr. Goldfine?« Noch während er sprach, setzte er sich zu mir und bestellte ein Bier. Ich vermutete, gleich würde er mich fragen, ob ich ihm in einer heiklen Sache behilflich sein könne. Aber es kam anders.

»Soll ich ihnen etwas zu Leo Rosen erzählen?«, fragte er.

Ich nickte. »Der Freispruch wurde auch in der zweiten Instanz bestätigt.«

Der Mann zeigte seine Zahnlücken und winkte ab. »Urteil – Schmurteil. Nichts wert. Sie haben einem Mörder geholfen«, sagte er.

Ich verstand nicht. »Was meinen Sie?«

»Sie haben bei dem Fall etwas übersehen. Wussten Sie denn, wer das Opfer war?«

»Ja, ein schwedischer UN-Soldat.«

»Das auch. Aber vor allem war er der Geliebte von Rachel. Das war im ganzen Haus bekannt. Ich wohne im Erdgeschoss, da bleibt nichts ungesehen. Alle wussten es. Irgendwann hat auch Leo es gewusst. Ich ahnte, dass er sich das nicht gefallen lassen würde. Rachel verlassen, das ging nicht. Da hätte sein Vater ihm die Hölle heißgemacht. Er hat sich also was ausgedacht. Es gab gar keine Reserveübung. Leo wusste, dass sich seine Frau mit ihrem Geliebten trifft, sobald er außer Haus ist. Er hat alles geplant. Und sie sind darauf reingefallen. Leo hat ihn fertiggemacht.«

Der Mann trank sein Bier aus, stand auf und sagte dann noch: »Mit Ihrer Hilfe.« Er ging, ohne zu zahlen. Ich habe ihn nie wiedergesehen.

Ich kam mir vor wie der letzte Idiot. Ich hatte geholfen, einen Mord zu vertuschen. Leo hatte alles geplant. Selbst meine Verteidigung.

Ne bis in idem. (Niemand darf wegen derselben Sache zweimal vor Gericht gestellt werden.)

An einem Samstag im Dezember 2015 flogen zwei Kampfjets über den Vorort Dscharamana in Damaskus. Die Piloten feuerten vier Raketen auf ein sechsstöckiges Wohnhaus. Kurze Zeit später meldete die Hisbollah, dass Samir Kuntar bei dem Angriff getötet worden sei, er sei als »Märtyrer« gestorben.

DER VERRATENE VERRÄTER

Prozess und Ermordung des Judenretters
Rudolf Kasztner

Einen Prozess gewinnen und die Unschuld verlieren, das musste mir erst einmal einer nachmachen. Es war eine für mich als junger Strafverteidiger sehr eindrückliche Lektion in Sachen Demut. Sie half mir später dabei, das richtige Maß in der Parteinahme für meine Mandanten zu finden. Und das ist alles andere als leicht. Denn das Verhältnis zu meinen Mandanten und mein Engagement für sie dürfen sich nicht allein an meinen persönlichen Moralvorstellungen ausrichten. Jeder Angeklagte, ob schuldig oder unschuldig, hat ein Recht auf die bestmögliche Verteidigung. Insofern habe ich mir im Fall Leo Rosen in professioneller Hinsicht nichts vorzuwerfen. Es ist das Getäuscht- und Ausgenutztwerden, das einem den Anwaltsalltag manchmal verleidet und womit man umzugehen lernen muss – ebenso wie mit den »Nebengeräuschen«, die im Gerichtssaal nicht selten zur Hauptsache werden.

Diese Erkenntnis hatte ich schon während meines Studiums in einem der wichtigsten Prozesse Israels gewonnen. In vielen Fällen – das sollte ich selbst später immer wieder erfahren – ist das zur Verhandlung stehende Geschehen geradezu nachrangig und die »unabhängige« Justiz zahlreichen Einflussquellen ausgesetzt, die oftmals mehr Gewicht haben als alle im Verfahren vorgelegten Beweise und vorgetragenen Argumente. Das gilt, bedingt durch die jüdische Geschichte, in Israel vielleicht in besonderer Weise, da hier der Grat zwischen Opfern und Tätern stets extrem schmal ist. Geradezu exemplarisch deutlich wurde solches Oszillieren im Kriminalfall Nr. 124/53 vor dem Land-

gericht in Jerusalem. Laut Anklage ging es um Verleumdung, im Prozess um den Verrat an Juden durch Juden und danach um einen Mord. Und um Staatsverrat, um den Verrat eines Bürgers durch seine Regierung. Am Ende wusste niemand mehr so recht, wie alles begonnen und worüber man ursprünglich zu Gericht gesessen hatte.

Viele meiner Landsleute fühlten eine tief eingegrabene Schmach, den Holocaust überlebt zu haben. Eine Schuld, die niemand, der nicht dabei gewesen war, verstehen konnte. Ganz eindringlich deutlich wurde dies in dem Fall Rudolf Kasztner gegen Malchiel Grünwald.

Ich erinnere mich noch genau an den Prozess, den ich als ersten meiner Studienzeit im Landgericht von Jerusalem beobachtet habe. Ich war 18 Jahre alt und Student der Rechtswissenschaften. Mich hatten schon in meiner Schulzeit alle einigermaßen aufregenden Fälle interessiert, und ich dachte mir, es ist besser, die Arbeit der Richter, Staatsanwälte und Verteidiger im Gerichtsaal zu beobachten, als staubige Paragraphen zu studieren. Der Kriminalfall Nr. 124/53 hatte schon vor Eröffnung für großes Aufsehen gesorgt, weil es nicht bloß um persönliche Animositäten, sondern um jüdische Geschichte ging.

Der Prozess begann am 1. Januar 1954, angeklagt war Malchiel Grünwald, ein in den 1930er-Jahren aus Ungarn nach Palästina eingewanderter Jude von 72 Jahren. Er betrieb in Jerusalem ein kleines Hotel und schrieb aus Überzeugung, zu seinem Vergnügen oder aus Wut Pamphlete über Persönlichkeiten des öffentlichen Lebens. Er war Mitglied der orthodoxen Mizrachi-Partei, und das Ziel seiner Bösartigkeiten waren meist die Politik oder Personen der sozialdemokratischen

Mapai, die später zur Arbeiterpartei wurde. Sein »17. Brief an meine Freunde in der Mizrachi«, den er wie damals üblich an die steinernen Mauern in Jerusalem als Wandzeitung geklebt hatte, las sich wie ein Schrei:

»Meine lieben Freunde! Kadavergestank füllt meine Nasenlöcher! Das wird das erlesenste Begräbnis! Dr. Rudolf Kasztner muss liquidiert werden! Seit drei Jahren warte ich auf den Augenblick, wo ich diesen Karrieremacher, der an Hitlers Plünderungen und Morden reich wurde, entlarven kann. Wegen seiner kriminellen Machenschaften und Kollaborationen mit den Nazis betrachte ich ihn als Mitverantwortlichen für den Mord an unseren geliebten Brüdern.«[1]

Er beschuldigte Kasztner, während der Naziherrschaft als Judenrat in Budapest zwar seine Verwandten und jetzigen Mitglieder der Mapai vor Auschwitz gerettet, dafür aber Hunderttausende andere verraten und noch daran verdient zu haben.

Eigentlich hatte niemand diese lächerliche Schmähschrift richtig wahrgenommen, aber Rezsö oder Rudolf, wie er sich nach seiner Immigration nannte, Jud Kasztner war im Sommer 1952 Regierungssprecher im Handels- und Industrieministerium sowie Direktor für ungarische Sendungen des staatlichen Radiosenders Kol Jisrael, also eine staatliche Autorität. Außerdem hatte er für die Mapai bei den letzten Wahlen für den Knesset kandidiert und war nur knapp unterlegen. Kasztner selbst, der von 1941 bis 1945 in Budapest das »Komitee für Hilfe und Rettung« geleitet hatte, hätte eine öffentliche Auseinandersetzung mit dem Querulanten Grünwald wohl gern vermieden, aber der aus Deutschland stammende Generalstaats-

---

1 Yablonka, Hana: »The Developement of Holocaust Consciousness in Israel: The Nuremberg Kapos, Kastner and Eichmann Trials«, in: Israel Studies 8.3 (2003), S. 13, zitiert nach: Ladislaus Löb: »Geschäfte mit dem Teufel. Die Tragödie des Reszö Kasztner«. Köln Weimar Wien 2010.

anwalt Chaim Cohn sah in dem Pamphlet eine Schmähung des Staates Israel. Er drängte seinen Parteifreund, sich zu wehren, und erhob Anklage gegen Grünwald wegen krimineller Ehrverletzung. Diese Anklage war von Beginn an aus politischer Sicht ein Riesenfehler. Ich weiß bis heute nicht, warum einem so erfahrenen Juristen wie Chaim Cohn so etwas passieren konnte. Später machte Cohn gleichwohl Karriere und wurde Vizepräsident des obersten israelischen Gerichts.

Obwohl ein schnelles Urteil zu erwarten war, alles sprach für Kasztner, nahm ich als Besucher an dem Prozess teil. Ich dachte mir, die Sache könnte aus politischen Gründen spannend werden, denn mit den Beteiligten standen sich ausgewiesene politische Gegner gegenüber. Der Angeklagte stand für die rechte nationalistische, jüdisch-orthodoxe Bewegung, die von der zionistischen Cherut-Partei von Menachem Begin angeführt und von Intellektuellen wie Hannah Arendt oder Albert Einstein in der *New York Times* als »revisionistisch und faschistisch« bezeichnet wurde. Die anklagende Staatsanwaltschaft hingegen repräsentierte die säkulare und antireligiöse Mapai-Regierung, also die Zionisten unter Ben-Gurion.

Der Vorsitzende Richter am Landgericht in Jerusalem hieß Benjamin Halevi, war etwa vierzig Jahre alt und in Deutschland geboren. Er war bekannt für seine harten Urteile. Nur wenige Monate zuvor hatte er als Militärrichter einige junge Rechtsradikale wegen Terrorismus verurteilt, woraufhin ihn die Rechte beschuldigte, sich bei Ministerpräsident Ben-Gurion einschmeicheln zu wollen, um als Richter an das Oberste Gericht berufen zu werden.

Grünwalds Verteidiger war Shmuel Katzenelson. Katzenelson hatte lange vor meiner Zeit ebenfalls an der Law School der Hebräischen Universität studiert und war als stellvertretender Kommandeur der *Irgun Tzwai Le'umi,* einer militärischen

Untergrundorganisation unter der Leitung von Menachem Begin, tätig gewesen, die mit terroristischen Aktionen gegen die Palästinenser und für die Unabhängigkeit Israels gekämpft hatte. Dort hatte er den Kampfnamen »Tamir« bekommen, den er 1952 zu seinem Hauptnamen machte. 1942 war er von den Briten verhaftet und später nach Kenia ins Exil geschickt worden. Nach der Unabhängigkeitserklärung 1948 war er nach Israel zurückgekehrt und arbeitete seitdem als Anwalt Shmuel Tamir. Er war politisch aktiv, wurde später Mitglied der Knesset und amtierte 1977 im Kabinett seines ehemaligen Mitstreiters Menachem Begin als Justizminister.

Dieser Tamir wurde aufgrund seiner Prozessstrategie zur wichtigsten Figur in diesem Prozess. Und das Verfahren sollte den jungen Staat Israel in seinen Grundfesten erschüttern.

Ich saß jeden Tag auf einer der langen Holzbänke in der *Burg*, wie ich das Gericht wegen seiner Architektur nannte, und hörte Kasztners Erklärungen zu. Er redete drei Tage lang. Natürlich hatte ich vom Holocaust gehört, schließlich war die in Weißrussland verbliebene Familie meines Vaters umgebracht worden. Aber obwohl täglich immer noch weitere Überlebende ins Land kamen, wurde über die jüngere Vergangenheit bis zu diesem Prozess weitgehend geschwiegen. Man sprach nicht darüber.

Was Kasztner nun aber von den Nazis und vom Holocaust erzählte, war zu diesem Zeitpunkt nicht nur mir unbekannt, sondern der ganzen Welt. Er berichtete, wie er versucht hatte, in Verhandlungen mit Adolf Eichmann und anderen, möglichst viele ungarische Juden vor Auschwitz zu retten. Dem Judenrat war von Eichmann im Auftrag Heinrich Himmlers das Angebot gemacht worden, eine Million Juden ausreisen zu lassen, wenn im Gegenzug 10 000 Lkws geliefert würden. Die Bezeichnung »Blut für Lkws« brachte die Aktion auf den Begriff. Joël Brand, auch ein Mitglied des sogenannten »Judenrats«, war von Eichmann am 8. Mai 1944 »mit Zustimmung der höchsten Stellen« folgendes Angebot gemacht worden: »Was ich gern bekäme, das wären Lastkraftwagen. Sie wollen eine Million Juden haben? ... Ich mache Ihnen ein kulantes Angebot: Sie liefern mir ein Lastauto für hundert Juden ... Das macht in summa 10 000 Lastwagen ... Sie müssen für Winterbetrieb geeignet sein.«[2]

Brand reiste daraufhin mit einer von Eichmann angeforderten deutschen Kuriermaschine nach Konstantinopel, um mit der *Jewish Agency,* die in Istanbul ein Büro unterhielt, sowie mit den Briten und Amerikanern über das Angebot zu verhandeln. Allerdings traf er dort – so seine spätere Klage – keinen Verantwortlichen an. Zwar konnte er im Hotel »Pera Palace« den anwesenden Flüchtlingen von der drohenden Vernichtung der ungarischen Juden berichten, aber die politisch und organisatorisch führenden Kräfte der Organisation waren nicht vor Ort. Also hetzte er nach Syrien weiter, wurde dann jedoch in Aleppo von den Briten als Spion verhaftet und in Kairo drei Monate lang verhört.

Kasztner versuchte währenddessen, Eichmann hinzuhalten. Tatsächlich gelang es ihm, gegen Bestechung und Bezahlung 1670 ungarischen Juden, die ins Konzentrationslager Bergen-Belsen gebracht worden waren, im Dezember 1944 die Ausreise in die Schweiz zu ermöglichen. Für die Auswahl der Geretteten war er nicht etwa allein verantwortlich, sondern das Komitee versuchte, »gerecht« zu sein – sofern man denn in der Frage von Leben oder Tod überhaupt von Gerechtigkeit sprechen kann. Jedenfalls wurde versucht, eine möglichst repräsentative Auswahl – nach Alter Geschlecht, Beruf und religiöser Ausrichtung – zu treffen.

---

2 Löb, a.a.O., S. 59.

In der Gruppe der für den »Kasztner-Zug« Auserwählten war auch der chassidische Rabbiner von Szatmár, Joël Teitelbaum. Teitelbaum war der Anführer der ultraorthodoxen chassidischen Sekte »Satmar«, die alle weltlichen Gesetze ablehnte und die Zionisten mit allen Mitteln bekämpfte. Das heißt, der Zionist Kasztner rettete den Antizionisten Teitelbaum vor dem Konzentrationslager und dem sicheren Tod. Das Zugeständnis war aber nicht nur finanziell teuer erkauft. Bis Juli 1944 waren bereits 437 000 ungarische Juden nach Auschwitz deportiert worden. Seine Gegner warfen Kasztner deshalb vor, die Brüder und Schwestern geopfert zu haben, um seine persönlichen Ziele zu erreichen.

Eichmann selbst schrieb in seinen Tagebüchern über Kasztner: »Er war einverstanden, dass die Juden keinen Widerstand leisten. Wenn ich es ermöglichte, einige Hundert oder Tausend herauszubringen, könnte er im Gegenzug für Ordnung auf den Sammelplätzen sorgen. Es war ein gutes Geschäft, denn für die Ruhe in den Konzentrationslagern war der Preis nicht hoch.«

Und nun stand Kasztner vor einem Gericht im Staat Israel und sollte sich rechtfertigen, warum er dieses Geschäft mit den Nazis gemacht hatte. Kasztner sagte, dass außerdem 12 000 Personen aufgrund seiner Intervention anstatt nach Auschwitz in ein Lager nach Wien kamen, wo sie von der Roten Armee befreit wurden. Stolz berichtete er darüber, dass er mit den Nazischergen verhandelt und damit Tausende vor Auschwitz gerettet hatte.

Der Richter war, wie ich und fast alle im Saal Anwesenden, beeindruckt und fragte den Angeklagten Grünwald, ob er angesichts dieser Tatsachen seine Anklagen gegen Kasztner nicht revidieren wolle. Grünwald schüttelte den Kopf.

Und dann trat der Strafverteidiger Shmuel Tamir auf, rief

Kasztner in den Zeugenstand und nahm ihn ins Kreuzverhör. Tamir sprach von Beginn an so, als sei nicht Grünwald, sondern Kasztner der Angeklagte. Dieser war offenbar von den eigenen Schilderungen noch so eingenommen, dass er zunächst etwas überheblich auf die Vorwürfe des Anwalts reagierte. Tamir warf Kasztner vor, mit der SS kollaboriert und in den Nürnberger Kriegsverbrecher-Prozessen dafür gesorgt zu haben, dass der SS-Standartenführer Kurt Becher aus dem Gefängnis entlassen wurde. Kasztner, der direkt mit Becher über die Freilassung von Häftlingen aus Bergen-Belsen verhandelt hatte, bestritt vehement, dass er für Becher ausgesagt hatte. Becher war, obwohl am Ende des Krieges als »Reichssonderkommissar für sämtliche Konzentrationslager« zuständig, in Nürnberg nur als Zeuge, aber nicht als Angeklagter vernommen worden.

Am zweiten Tag des Kreuzverhörs fragte Tamir den Zeugen Kasztner noch einmal, ob die eidesstattliche Erklärung, die er in Sachen Becher abgegeben hatte, »für Becher oder gegen ihn« gesprochen habe. Kasztner antwortete, diese Erklärung sei unbedeutend gewesen. Doch Tamir setzte nach: »Ich sage Ihnen jetzt, dass Kurt Becher dank Ihrer persönlichen Intervention in Nürnberg aus dem Gefängnis entlassen wurde.« Aufruhr im Saal. Kasztner sprang auf und schrie Tamir an: »Das ist eine schmutzige Lüge.«

Tamir stand auf und hielt einen Bogen Papier in die Luft. »Hohes Gericht, ich möchte Ihnen hier einen Brief des Zeugen Kasztner präsentieren, den er im Juli 1948 an den vor einem Jahr verstorbenen ersten Finanzminister unseres Landes, Eliezer Kaplan, geschrieben hat. In diesem Brief schreibt unser Zeuge, die Freilassung Bechers aus alliiertem Gewahrsam sei ›das Resultat meiner persönlichen Intervention‹ gewesen.

Kasztner sackte im Zeugenstuhl zusammen. Er erwiderte

unsicher, dass er den Brief wohl etwas großspurig formuliert hätte und Becher ihn darum gebeten habe, um im Gegenzug jüdische Gelder dem Staat Israel zu übergeben. Doch es nützte nichts. Kasztners Glaubwürdigkeit war erschüttert und seine Selbstsicherheit dahin. Der Richter glaubte Kasztner kein Wort mehr.

Tamir setzte in den nächsten Tagen nach und demontierte den Judenretter. Er warf ihm vor, eine Gruppe von drei Fallschirmspringern der *Haganah*, die in Ungarn den Widerstand organisieren sollten, den Nazis ans Messer geliefert zu haben. Bald redete Tamir nur noch vom »Angeklagten« Kasztner, und die ihm wohlgesonnenen Zeitungen spürten, je mehr Kasztner sich verhaspelte, desto mehr gerieten die *Jewish Agency* und die Mapai-Regierung mit in den Strudel des Skandals. Das war Tamirs Kalkül.

Der Prozess ging in eine Pause, aber Tamir recherchierte weiter, sammelte Beweise und setzte bei der Wiederaufnahme genau da an, wo er aufgehört hatte. »Sie haben Becher nicht nur vor dem internationalen Gerichtshof in Nürnberg gerettet, sondern Sie haben dem Entnazifizierungsgericht der Deutschen eine eidesstattliche Erklärung gegeben, und Sie haben ihn auch vor seiner Strafe gerettet.« Tamir zeigte auf Kasztner.

Der antwortete: »Nein! Das ist nicht wahr!«

»Dr. Kasztner, sind Sie mit mir einverstanden, dass es von unserem nationalen Standpunkt eine kriminelle Handlung ist, zugunsten eines hohen Nazi-Offiziers zu intervenieren und seine Freilassung herbeizuführen?«, fragte Tamir.

Kasztner, ganz staatsmännisch: »Meine Antwort ist positiv. Vom nationalen Standpunkt ist es ein Verbrechen.«

Und dann präsentierte der Anwalt Shmuel Tamir Kasztners eidesstattliche Erklärung vom 14. August 1947. Woher er die hatte, sagte er nicht. Er las: »Es kann kein Zweifel bestehen, dass Becher zu den sehr wenigen SS-Führern gehörte, welche den Mut hatten, sich dem Vernichtungsprogramm entgegenzustellen, und den Versuch machten, Menschenleben zu retten. Becher (hat) alles im Bereich seiner Möglichkeiten und seiner Person getan, um unschuldige Menschenleben vor der blinden Tötungswut der Naziführer zu retten. Daher habe ich die guten Absichten Kurt Bechers keinen Augenblick bezweifelt, wenngleich die Form und Grundlage unserer Verhandlungen höchst unangenehm sein mögen. Nach meiner Meinung verdient Becher, wenn sein Fall durch alliierte oder deutsche Behörden beurteilt wird, die vollstmögliche Würdigung.«

Triumphierend hielt Tamir das Dokument in die Luft. Kasztner hatte diese Erklärung zu allem Überfluss nicht nur im eigenen Namen, sondern auch »im Namen der *Jewish Agency* und des *Jüdischen Weltkongresses*« abgegeben. Dazu war er gar nicht befugt gewesen.

Kasztner war am Boden zerstört. Der Prozess war im zweiten Akt zu einem epischen Drama geworden, der Kläger zum Angeklagten und zum tragischen Helden. Das Verfahren hatte für Israel vielleicht eine größere Bedeutung als der spätere Prozess gegen Adolf Eichmann. Hier wurde zum ersten Mal öffentlich über den Holocaust gesprochen. Der Verteidiger Shmuel Tamir wurde dabei zum Sprecher der Juden, die sich bereits vor dem Krieg in Palästina niedergelassen und die Shoah aus sicherer Entfernung beobachtet hatten. Diese israelischen Juden nahmen es den Juden in Europa übel, dass sie sich »wie Lämmer zur Schlachtbank« haben führen lassen, sagte später Ladislaus Löb, der durch Kasztner das KZ Bergen-Belsen überlebt hatte. Und Shmuel Tamir, der sich selbst nicht nur mit der Waffe verteidigt, sondern die Palästinenser aus Jerusalem gebombt hatte, war nun ihr Ankläger.

Kasztner wurde in diesem Drama in wenigen Tagen vom

Helden zum Kollaborateur, vom Judenretter zum Volksverräter. Ein Verbrechen, auf das in Israel die Todesstrafe stand.

Aber es ging im Prozess ja um die Beleidigungen von Grünwald. Als der Richter siebzehn Monate nach Beginn der Verhandlung am 25. Juni 1955 von morgens 8 Uhr bis abends 22 Uhr sein 300 Seiten langes Urteil las, saß Kasztner allein in der Pension »Moriah« in der Nähe des Gerichts. Das Urteil fiel für ihn vernichtend aus. Richter Halevi bestätigte alles, was Grünwald an die Wand geschrieben hatte. Kasztner habe mit den Nazis kollaboriert, er habe zum »indirekten Mord« an den Juden Ungarns beigetragen, sich zusammen mit deutschen Nazis an der Beute bereichert und diese Kriegsverbrecher nach dem Krieg auch noch vor Strafe gerettet. Lediglich die Behauptung Grünwalds, Kasztner habe gemeinsam mit dem Nazi Becher jüdisches Vermögen entwendet, wertete der Richter als Verleumdung und verurteilte Grünwald zu einer symbolischen Buße von einem israelischen Pfund. Sein Schlusswort war vernichtend: »Die Kollaboration des Leiters des jüdischen Rettungskomitees mit dem Chef der Vernichter der ungarischen Juden in der Deportierung dieser Opfer nach Auschwitz wegen der Rettung der Bevorzugten war ... eine kriminelle Kollaboration im vollen Sinne des Wortes.« Eichmanns Angebot, die wichtigsten Mitglieder der Gemeinde zu retten, wenn der Judenrat ansonsten stillhalte, sei, und dann zitierte der Richter Vergil: Timeo Danaos et dona ferentes (ich fürchte die Danaer, selbst wenn sie Geschenke bringen), verbrecherisch gewesen. Dann folgte der Satz, der für immer mit diesem Urteil verbunden bleiben wird: »Indem er dieses Geschenk angenommen hat, verkaufte Kasztner seine Seele an den Satan.«

Es war das folgenreichste Urteil in der Geschichte Israels. Nicht nur für Kasztner, dessen Karriere ruiniert war, sondern auch für die von ihm unterstützte Mapai-Regierung. Die Opposition stellte eine Woche nach dem Urteil ein Misstrauensvotum, Ministerpräsident Sharett trat am 29. Juni zurück, und einen Monat später fanden Neuwahlen statt. Zwar konnte die Mapai-Partei erneut die Regierung stellen, aber Menachem Begin mit seiner Cherut-Bewegung war nun zur zweitstärksten Kraft geworden. Er hatte im Wahlkampf die Losung ausgegeben: »Wer für die Mapai stimmt, stimmt für Juden, die Juden an die Gestapo verschachert haben.«

Grünwalds Schmähungen wurden von Shmuel Tamir in eine Anklage verwandelt, die der Richter Halewi voll bestätigte. Eichmann hat sich Tamirs Argumentation später in seinem Prozess zunutze gemacht, bei dem ebenfalls Halewi auf dem Richterstuhl saß und Tamir als Opferanwalt tätig war. In ihrem Buch »Eichmann in Jerusalem« wertete Hannah Arendt Kasztners Verhalten in Budapest als Indiz für seine Nazimentalität, weil er »Ruhe und Ordnung in den Lagern« ermöglicht habe, aus denen dann »Tausende nach Auschwitz verfrachtet wurden«. Er hätte wohl die Ansicht geteilt, dass »ein berühmter Jude ein größeres Recht hat, am Leben zu bleiben, als ein gewöhnlicher«.

Der Staatsanwalt legte Berufung gegen das für Kasztner verheerende Urteil ein. Die Revision begann zwei Jahre später im Januar 1957. Alle erwarteten, dass Kasztner in diesem Verfahren seine Zurückhaltung aufgeben, und, um seine Ehre wiederherzustellen, etwas über die Gründe sagen würde, warum das Geschäft, für das Joël Brand zur *Jewish Agency* nach Istanbul geflogen war, gescheitert war. Der Versuch, eine Million Juden aus Osteuropa vor der Vernichtung zu retten, war doch aller Ehren wert. Hatte der Emissär vielleicht einen Fehler gemacht? Hatten die Engländer und die Zionisten der *Jewish Agency* vielleicht kein Interesse daran gehabt, eine Million orthodoxer Juden in Palästina aufzunehmen?

Man spekulierte, dass Kasztner Brisantes wusste und es diesmal preisgeben würde. Dinge, die er bisher aus »Staatsräson« verschwiegen hatte, weil er Schaden vom neuen Ministerpräsidenten Ben-Gurion fernhalten wollte. Aufgrund solcher Spekulationen ließen seine politischen Freunde der Mapai-Partei ihn fallen und zogen sich von ihm zurück. Kasztner war zur Belastung geworden. Niemand trat für ihn ein. Einige der wenigen verbliebenen Freunde besorgten ihm immerhin gute Anwälte. Und es schien lange so, als würde Kasztner die Schmach nicht auf sich sitzen lassen wollen. Er war in einem schweren Konflikt. Er wollte sein Lebenswerk retten, gleichzeitig aber auch seinem Staat dienen. Wenn er jedoch die Revision gewinnen und weitere Nachstellungen von Tamir verhindern wollte, müsste er sagen, was er wusste. Vielleicht sollte er zunächst belegen, dass ein Abkommen mit den Nazis wie »Blut für Lkws« durchaus realistische Chancen gehabt hätte. Der erfolgreiche »Kasztner-Zug« hatte ja bewiesen, dass man selbst »mit dem Teufel« Geschäfte machen konnte. Und warum hatte Eichmann Joël Brand mit einer Sondermaschine nach Konstantinopel geschickt? Damit er türkischen Honig kauft? Warum hatte der damalige Leiter der *Jewish Agency*, später der erste Staatspräsident Israels, Dr. Chaim Weizman, Joël Brand von Pontius zu Pilatus, genauer von Konstantinopel nach Kairo fahren lassen, um dann nicht zu verhindern, dass er von den Briten unter Spionageverdacht verhaftet wurde? Warum hat Weizmann nie mit Joël Brand gesprochen, einem der wenigen, die überhaupt authentisch berichten konnten, wie es den Juden in Ungarn erging? In den Zeugenstand konnte er den Präsidenten nicht mehr rufen, er war 1952 verstorben. Aber das Gericht könnte Ben-Gurion und die anderen Mitglieder der Exekutive der *Jewish Agency* befragen, warum sie diesen Handel nicht wollten oder warum sie sich mit den Briten arrangiert hatten, die Verhandlungen mit den Nazi grundsätzlich ablehnten und das Schicksal einer Million Menschen strategischen Interessen opferten.

Und war sein Eintreten für den SS-Mann Becher tatsächlich eine Kollaboration mit einem Mörder gewesen? Hatte er im Auftrag der Agency Kontakt mit ihm gehalten, weil man sich davon etwas versprach? Zum Beispiel die Information, wo Eichmann oder auch die über acht Millionen Dollar Lösegeld abgeblieben waren? Außerdem war Becher schon wieder »im Geschäft«, und die *Jewish Agency*, die spätere Regierung Israels, hoffte, durch seine Vermittlung in der Schweiz Maschinen kaufen zu können, um die für die eigene Armee so notwendige Munition herzustellen.

Sollte er dies alles sagen, um seinen Kopf zu retten? Was würde das für Israel bedeuten? Würde man Männern wie Ben-Gurion noch vertrauen, wenn der Anschein erweckt würde, sie hätten nicht alles getan, um das Volk Israels, zu dem die ungarischen Juden zweifellos gehörten, zu retten? Wenn Kasztner diese Fragen nicht selbst aufgreifen würde, würde Shmuel Tamir es tun. Ben-Gurion im Kreuzverhör von Shmuel Tamir? Es würde den jungen Staat zerreißen.

So stand in diesem Prozess nicht nur die Ehre Kasztners, sondern womöglich die Existenz Israels auf dem Spiel. Konnte er dieses Risiko eingehen? Kasztner war allein mit seiner Entscheidung.

Am 3. März 1957, kurz vor Mitternacht, verließ Rudolf Kasztner die Redaktion der Zeitung *Új Kelet* in Tel Aviv und fuhr mit dem Wagen zu seiner Wohnung in der Emanuel Street 6. Er war allein, denn die Sicherheitsbehörden hatten einige Tage zu-

vor die ihn sonst begleitenden Sicherheitsbeamten abgezogen. Seine Freunde waren durch diese Maßnahme alarmiert. »Die Kugel, auf der dein Name steht, ist schon im Lauf«, hatte ein Freund gesagt.

Als er aus dem Wagen stieg, leuchtete ihm ein Mann in einem Khakianzug mit einer Taschenlampe ins Gesicht. »Sind Sie Dr. Kasztner?«

»Ja, was wollen Sie?«, fragte Kasztner. Das Licht blendete ihn.

Der Mann zog eine Pistole aus der Tasche, setzte ihm die Waffe an den Kopf und drückte ab. Es klackte, aber kein Schuss löste sich.

Kasztner stieß den Mann zur Seite und lief auf die Tür seines Hauses zu. Der Angreifer hantierte an seiner Waffe herum und schoss dann hinter ihm her. Der Schuss verfehlte sein Opfer. Dann wurde noch zweimal geschossen. Kasztner fiel verletzt auf das Pflaster und schrie um Hilfe. Der Angreifer floh in einem bereitstehenden Jeep. So schildert der Richter Weitz später die Tat.

Aber es gibt auch andere Schilderungen des Tathergangs. Zeev Eckstein, der Angreifer im Khakianzug, bekannte später: »Auf meinen dritten Schuss folgte ein weiterer Schuss. Es war da jemand, und er hat wie ein Profi geschossen.« Und die 17-jährige Tochter von Kasztner, die das Geschehen aus dem Haus beobachtet hatte, berichtete: »Mein Vater stieg aus dem Auto. Eckstein versuchte, auf ihn zu schießen. Es klappte nicht. Mein Vater lief zum Gebäude. Aber jemand hinderte ihn, ins Haus zu kommen. Dann rannte er zurück und bekam eine Kugel in den Rücken.«

Kasztners Frau Bagyó kam sofort aus dem Haus gestürmt, Nachbarn riefen die Polizei und die Ambulanz. Kasztner hatte einen Durchschuss der Milz und Verletzung von weiteren inneren Organen erlitten. Er wurde sofort operiert, und zuerst schien es, dass er den Anschlag überleben würde.

Am 11. März 1957 trat die Regierung unter Vorsitz von David Ben-Gurion zusammen und ließ sich vom Chef des Geheimdienstes *Schin Bet,* Isar Halperein, genannt Harel, über den Stand der Ermittlungen berichten.

Von dieser Sitzung wurde ein Wortprotokoll angefertigt und dann für geheim erklärt. 58 Jahre später, im Jahr 2015, genehmigte das Staatsarchiv eine Veröffentlichung des Protokolls. Hier einige Auszüge:

§ 380 des Protokolls der Sitzung der israelischen Regierung
11. März 1957
Geheim
Betrifft: Das Attentat auf Dr. Jud Kasztner
(...)
Ministerpräsident Ben-Gurion: »Die Attentäter von Kasztner sind gefasst und haben gestanden.«
Minister Malchiel Betoff: »Wie viele waren es?«
Ben-Gurion: »Zwei. Der, der geschossen hat, hat die Arbeit für andere gemacht. Es gibt eine Organisation, die ihn beauftragt hat. Ich habe Isar Halperin eingeladen, über die Angelegenheit zu berichten. Es ist klar, dass es eine terroristische Organisation gibt, die weiter agiert. Sie haben das nicht aus eigener Initiative getan. Heute spekuliert die Zeitung *Cherut,* die Mapai habe das veranlasst ... Aber die Sache mit Mapai interessiert mich eigentlich nicht.«
Isar Halperin: »In der Nacht von Sonntag auf Montag, den 4. März dieses Jahres, ist Dr. Kasztner von einem unbekannten

jungen Mann neben seinem Haus angeschossen worden. Die ersten Festnahmen haben noch in dieser Nacht stattgefunden. Es wurden acht Leute festgenommen ...Unter den Festgenommenen waren zwei Leute, Zeev Eckstein und Dan Shemer, die im Zusammenhang mit dem Mord befragt worden sind. Am Ende haben beide zugegeben, den Mord begangen zu haben.«

(Anmerkung d. A.: Zu diesem Zeitpunkt lebte Kasztner noch)

Ben-Gurion: »Was haben sie zugegeben?«

Halperin: »Zeev Eckstein hat geschossen und es zugegeben. Er ist ein junger Mann, etwa 24 Jahre alt. Ich will euch etwas über diese Person erzählen, damit ihr versteht, woher solche Sachen kommen. Er ist in Israel geboren, arbeitet in der Druckerei seines Vaters in Tel Aviv. Er war seit 1954 aktiv in der Untergrundbewegung. Er ist also ein Produkt des israelischen Untergrunds und nicht des Untergrunds aus der Zeit des britischen Mandats. Er war bereits 1955 an Plänen, Kasztner zu ermorden, beteiligt. Ein Plan, der nicht ausgeführt wurde. Vor zwei Jahren hat er aus eigener Initiative die Polizei kontaktiert und angeboten, gegen die Untergrundbewegung zu arbeiten. Tatsächlich hat er eine bestimmte Zeit im Auftrag der Sicherheitsorgane gearbeitet. Später hat sich herausgestellt, dass er von der Untergrundbewegung beauftragt worden war, sich als Spitzel anzubieten. Er war an dem Druck von Schmähflugblättern gegen den Richter Perez vor etwa einem Jahr beteiligt. Das war vor der Urteilsverkündung in einer Meineidsache gegen Kasztner ...«

Halperin hat später, unter anderem in seinem Buch »Die Wahrheit über den Kasztner-Mord. Jüdischer Terror im Staate Israel« (Idanim 1985), die Sache anders dargestellt. Er schreibt dort: »Die Informanten der Sicherheitsorgane im nationalen Rahmen konnten uns keine Informationen geben. ... Es war klar, dass der Plan des Attentäters in einem kleinen geschlossenen Kreis beschlossen wurde und in diesem Kreis blieb.«

Das ist eine wissentliche Falschaussage, denn im Regierungsprotokoll liest sich der damalige Kenntnisstand ganz anders. Der Geheimdienstchef in der Regierungssitzung: »Vor einem Jahr gab es einen Plan, Kasztner zu ermorden, der nicht ausgeführt wurde. Eckstein hat den Befehl, den Mord an Kasztner auszuführen, vor sechs Wochen bekommen. Ich glaube, das war nach der Klärung der Berufung im Obersten Gericht. Das hat eine bestimmte Bedeutung.«

Wenn der Geheimdienst wusste, dass ein Mordanschlag auf Kasztner geplant war, warum wurden dann die Leibwächter abgezogen? Warum hat man die bekannten Verdächtigen, die man wegen der Schmähflugblätter gegen den Richter Perez belangen konnte, nicht aus dem Verkehr gezogen? Diese Schmähpamphlete waren von der Gruppe um Eckstein verbreitet worden, weil der Richter die Anklage gegen Kasztner wegen Falschaussage fallenlassen wollte. Eckstein wurde zwar verhaftet, es wurde aber keine Anklage erhoben, weil, wie Halperin erläuterte, der Geheimdienst befürchtete, Eckstein würde im Prozess behaupten, der *Schabak* hätte ihn gezwungen, die Pamphlete zu drucken. Außerdem hätten die Beweise gegen Eckstein und Co. wohl nicht ausgereicht. Sprich: Der Geheimdienst ging nicht gegen Eckstein vor, weil er mit ihm zusammengearbeitet hatte. Man fürchtete, das Attentat könnte der *Schin Bet* angelastet werden. Also stellte man die Tat nach außen hin als Aktion von zwei irregeleiteten Einzeltätern dar.

Halperin vor der Regierung: »Wenn jemand das ganze Material über diese Gruppen lesen würde, würde er zum Schluss kommen, das sind dumme Kinder, die über Raub und die Eliminierung von diesem oder jedem faseln. Es gibt einen Wettbewerb zwischen diesen Gruppen. Einige tun sich zusammen, andere gehen auseinander, und sie spähen sich gegenseitig aus. Wenn ich vor einiger Zeit gesagt hätte, dass diese Gruppen eine Gefahr darstellen, hätte es euch nicht beeindruckt. Tatsächlich gibt es unter denen auch absolute Psychopathen ... Das sind nicht dieselben Organisationen, die wir aus den Zeiten vor der Staatsgründung kennen. Es gibt dort keine Verantwortung, keine Führung, die jungen Leute entscheiden selber. Als Beispiel können Eckstein und Dan Shemer dienen. Letzterer hat nichts zu tun. Morgens geht er ins Kino, und am Abend ist er bereit zu machen, was man ihm befiehlt ... Der Beweis, wie sehr ihre Aktion nicht geplant war: Man hat den Jeep einige Minuten vor der Aktion gestohlen. Sie haben es versucht und Glück gehabt.«

Justizminister Rosen: »Sind beide Psychopathen?«

Halperin: »Meiner Meinung nach ja.«

Ben-Gurion: »Wenn du Freud liest, kannst du meinen, dass die ganze Welt aus Psychopathen besteht.«

Halperin trug anschließend eine ganze Reihe von Argumenten vor, damit die namentlich bekannten sechs Untergrundorganisationen zu Terrorgruppen erklärt werden. Nach dem »Gesetz zum Schutz gegen den Aufruf zum Terror« war das möglich. Er zählte eine Reihe von Aktionen auf, die diese Gruppen unternommen hatten. Es war eine lange Liste, die sich gegen jeden richtete, der sich um die Verbesserung des Verhältnisses zu den Palästinensern oder die Aussöhnung mit den Deutschen bemühte. Man wollte die sowjetische Botschaft oder UN-Vertreter angreifen, plante die Entführung von Vertretern der *Jewish Agency*, Angriffe auf eigene Schiffe, die Güter aus der Bundesrepublik Deutschland brachten, und Anschläge auf die Gewerkschaftszentrale und den Deutschen Bundestag in Bonn. Dort wollte man einen Lastwagen mit Dynamit als

Autobombe platzieren. Die meisten solcher Aktionen wurden aber weder ernsthaft vorbereitet noch ausgeführt.

Das Protokoll vermerkte zum Schluss: »Entscheidung durch Mehrheitsbeschluss, den Justizminister zu bevollmächtigen, im Namen der Regierung gemäß § 48 des Gesetzes gegen den Terror zu deklarieren, dass die Gruppe Zeev Eckstein, Maxim Golan, Jakov Cheruti, Josef Menkes und Dan Shemer eine Terrororganisation im Sinne dieses Gesetzes ist.«

Die religiösen Parteien enthielten sich bei der Abstimmung.

Am 15. März 1957 erlag Kasztner seinen Verletzungen und starb an Herzversagen. Neben Eckstein hatte man Dan Shemer, der den Jeep gefahren hatte, und Joseph Menkes, den Anführer der Gruppe, verhaftet und angeklagt. Alle drei wurden wegen Mordes zu lebenslänglicher Haft verurteilt. Der vierte Mann, der auf Kasztner geschossen haben soll, taucht nirgends auf.

Allerdings bekamen sie nicht die volle Härte des Gesetzes zu spüren. Halperin hatte schon in der genannten Regierungssitzung angekündigt: »Wenn es uns möglich ist, die jungen Leute auf Bewährung freizubekommen, bis der Prozess zu Ende ist, und sie sich gut benehmen, dann wird zwar der Richter sein Urteil verkünden, aber man wird sie danach begnadigen.«

Ihre Haft mussten sie im Militärlager Zrifin (Sarafend) verbringen. Ich selbst war während meiner Militärzeit von 1958 bis 1961 zeitweise in diesem Camp stationiert. Es war kein Gefängnis, die verurteilten Terroristen lebten hinter dem Zaun ein normales Leben. Sie empfingen Besuch, feierten Partys, trieben Sport. Sechs Jahre nach dem Urteil, im Jahr 1963, wurden die Lebenslänglichen begnadigt. Zeev Eckstein hat ein Buch über seine Tat geschrieben und liest daraus auf Veranstaltungen vor.

Das Urteil gegen Kasztner wurde am 17. Januar 1958 revidiert. Das Revisionsgericht brauchte fast ein Jahr, um den Fall aufzurollen, und verurteilte am 15. August 1958 Grünwald wegen Verleumdung zu einem Jahr Gefängnis auf Bewährung und 500 israelischen Pfund Gerichtskosten. Die fünf Richter waren sich nicht einig und urteilten in den vier Verhandlungspunkten unterschiedlich. Mit 4 zu 1 verneinten sie die Kollaboration Kasztners mit den Nazis, mit 3 zu 2 Stimmen verneinten sie den indirekten Mordvorwurf an den ungarischen Juden sowie den Vorwurf der unlauteren Partnerschaft mit Becher. Nur dass Kasztner nach dem Krieg denn SS-Mann Becher durch seine Aussagen vor der Verurteilung gerettet hatte, hielten alle fünf Richter für erwiesen.

Viele Fragen blieben offen. Nicht nur, ob die beiden »pathologischen« Attentäter auf eigene Veranlassung gehandelt haben, ob weitere Personen beteiligt waren oder ob es einen Auftraggeber für die Tat gegeben hat. Auch die Frage, welche Rolle die Führer der zionistischen Bewegung im Jahr 1944 bei dem vergeblichen Versuch, eine Million Juden zu retten, gespielt hatten und inwieweit Kasztner später auch in ihrem Auftrag handelte, blieb bis heute unbeantwortet. Kasztner hätte dieses Rätsel vielleicht lösen können. Ben-Gurion auch. Aber die Antwort wäre unter Umständen bitter.

PROPELLER IM KOPF

Von Wahrheitsdrogen, die den Kremlflieger Mathias Rust kirre machten, und ihrer Wirkung auf einen Richter

Hannah Arendt befand, dass Kasztner sein Volk verraten hatte. Hatte auch Ben-Gurion Verrat begangen, indem er gar nicht erst versuchte, mit den Nazis über »Blut gegen Lastwagen« zu verhandeln, und es zuließ, dass Kasztner deshalb verleumdet wurde?

In seinem Buch »Menschliches, Allzumenschliches« hat schon Nietzsche das dahinterliegende Grundproblem beschrieben: »Gegen den Mitverschworenen den kränkenden Argwohn zu äußern, ob man nicht von ihm verraten werde, und dies gerade in dem Augenblicke, wo man selbst Verrat übt, ist ein Meisterstück der Bosheit, weil es den Andern persönlich okkupiert und ihn zwingt, eine Zeit lang sich sehr unverdächtig und offen zu benehmen, sodass der wirkliche Verräter sich freie Hand gemacht hat.«

Lieferte die israelische Regierung ihren eigenen Mann den Mördern aus, indem sie die ihnen bekannten Attentäter nicht stoppte?

Der Kasztner-Prozess, vor allem die Art und Weise, wie Shmuel Tamir seine Arbeit machte, faszinierte mich. Ich wollte wie er in Kreuzverhöre gehen, wie er Fälle führen, indem man, wie er, den dritten und vierten Zug des Gegners voraussieht.

Und ich wollte, dass nicht nur die Mächtigen den letzten Zug und das Sagen hatten. Deshalb wurde ich Strafverteidiger.

Insofern war der Kasztner-Fall für meinen persönlichen Berufsweg ein großes Glück. Er lehrte mich, nicht nur die Stärken und Schwächen, die Eitelkeiten und Motive der am Prozess Beteiligten im Auge zu behalten, sondern stets auch ins Kalkül zu ziehen, dass etwaige »übergeordnete« Interessen – bis hin zur Staatsräson – einem Verfahren eine überraschende Wendung geben können.

Eine solche überraschende Wendung ereignete sich auch in dem Fall eines jungen Mannes, der die Weltöffentlichkeit mit einer aberwitzigen Aktion verblüfft hatte und anschließend an seiner Berühmtheit zu zerbrechen drohte.

Der alte Mann flüsterte ihm fragend ins Ohr, ob der aus dem Kreml, der mit dem Mal auf der Stirn, mit ihm gesprochen habe. »Mir kannst du es ja sagen«, flüsterte er, »ich sterbe bald und kann es niemandem mehr verraten.« Dann lachte er hustend, und der junge Mann putzte ihm mit einem Papiertuch den Mund ab, damit der Rest vom Rotkohl, mit dem er ihn gefüttert hatte, nicht aufs Bettzeug tropfte. Und ob die Mädchen, der Alte sagte »Meechen«, die kleinen Dinger, die immer die Medikamente bringen, hinter ihm, dem Flieger, her seien. Er schüttelte den Kopf und reichte dem Patienten ein Glas Wasser. »Willst du mich vergiften?«, fragte er. »Wasser ist was für Fische, ein Wässerchen, das wäre es«, ergänzte er lachend. »Du machst was falsch«, sagte der Alte, dem vor ein paar Tagen ein Abszess am Hintern entfernt worden war. »Hast du das nicht bei den Russen gelernt? Ran an den Feind, die Meechen mögen das.« Er schüttelte den Kopf. Friedensflieger, Teufelskerl.

Warum nahm ihn keiner für voll? Selbst die Patienten nicht, die von ihren Erlebnissen in Sibirien erzählten und, wenn er nachfragte, nur »Junge, Junge« sagten und: »Das willst du gar nicht wissen«; oder die, die an die Garage der Eltern »Rust fly to Sibiria« gesprayt hatten. Alles Bornierte, die keinen Blick für Größe hatten.

Die meisten Schwestern auf der Station mochten ihn nicht, mäkelten an ihm rum, weil er zu viel und zu oft mit den Patienten redete. Sie wollten nicht, dass er »der« war, obwohl alle wussten, wer er war. Heimlich prahlten sie zu Hause, bei uns arbeitet der Rust. Auf der Station wollten sie, dass er der anonyme Zivi war, der ohne Murren die Bettpfannen entsorgte. »Letzte Verwarnung«, hatte die Stationsschwester gesagt, als er wieder einmal mit so einem Opa redete, »sonst geht es ab in die Pathologie«. Flieger, zeig mir die Sonne. Blöde Kuh. Niemand wusste, wie es sich anfühlt, wenn man ganz allein über dem Meer fliegt, die Sonne sich silbern auf dem Wasser spiegelt und die Wolken ganz weit unten Schatten werfen. Schatten hatte die Sonne in der Zelle in Lefortowo nicht geworfen, denn es gab kein Fenster, durch das sie hätte scheinen können. Die Glühbirne hatte schattenloses Licht geworfen wie im Operationssaal eine Etage tiefer, den er als Zivi nicht betreten durfte. Aber auf Station warf sowieso niemand einen Schatten, selbst er nicht, der noch vor wenigen Monaten die Mienen der roten Generäle verdunkelt hatte. Manchmal fühlte er sich wie auf dem Flug über den Wäldern Russlands »out-of-body«, so als würde ein Autopilot, der im Flieger die Flughöhe, die Geschwindigkeit und den Brennstoffverbrauch kontrolliert, seine Schritte und Worte steuern und als habe er einen Propeller im Kopf.

In einigen Zeitungen hatte gestanden, dass er mit M. S. (Michail Sergejewitsch) vereinbart hatte, die Rote Armee bloßzustellen. Das war natürlich Quatsch. Er wollte eine neue Welt-ordnung mit Frieden und Verständigung, aber sie wollten nur Fotos und wissen, was im Gefängnis passiert war. Und was für ein Gefühl das sei, über den Kreml zu fliegen. Nachher würde er im Klövensteen ausreiten. Das Pferd stellte keine Fragen, sondern schnaufte wohlig, wenn er kam und es striegelte, und der Alte würde morgen wieder von den Mädchen anfangen und sabbern. Bei Gelegenheit, bei nichtigem Anlass, spürte er eine große, fremde Wut in sich. Danach war manchmal etwas kaputt, und er wusste nicht, warum. Er putzte dem Alten den Mund ab, stellte das Tablett auf den Essenswagen und rollte ihn hinaus, den Flur entlang in die Stationsküche. Die Tabletts kamen in den Transportwagen. Die nächste Schicht würde sie abholen. Er trug sich in der Stationsliste aus und ging in den Umkleideraum. Vielleicht war Stefanie ja dort.

Was dann am 1. Oktober 1989 im Krankenhaus Rissen ge-schah, liest sich später in dem Urteil des Landgerichts Ham-burg so: »Als der Angeklagte den Umkleideraum betrat, hielten sich dort die Zeugin W. und die Zeugin Z., auch eine Krankenschwester, auf. Beide hatten sich bereits umgezogen. Die Zeugin W. stand links von der Tür vor einem Spiegel und machte ihr Make-up zurecht. Nachdem Frau Z. den Raum verlassen hatte, kam dem Angeklagten die Idee, die Zeugin W. anzusprechen, um mit ihr in näheren Kontakt zu kommen. Er meinte, das Mädchen sei noch nicht in der Weise gegen ihn eingenommen wie die anderen Schwestern. Vorsorglich drehte er den innen steckenden Schlüssel um, damit niemand stören könne, wobei er den Schlüssel stecken ließ. Die Zeugin W. sah im Spiegel, dass der Angeklagte an der Tür war, bemerkte aber das Zuschließen nicht. Der Angeklagte näherte sich nun von hinten der Zeugin und legte ihr seine Hände auf die Schultern. Die Zeugin hatte den Eindruck, dass der rund 25 cm größere Angeklagte sich zu ihr herunterbeugen und sie möglicherweise am Hals küssen wollte. Diese für sie überraschende Annäherung versetzte die Zeugin W. in Angst und Panik. Sie stieß ihn von sich, sodass er gegen einen in der Nähe befindlichen Schrank taumelte. Dabei sagte sie dem Sinne nach, was das solle. Der Angeklagte rechtfertigte sich, indem er antwortete, er habe sie eigentlich nur zum Essen einladen wollen. Sie entgegnete, noch erregt: ›Ach was‹, und wandte sich zur Tür, wobei sie feststellte, dass diese verschlossen war. Als sie aufschloss und schon im Begriff war, hinauszulaufen, war der Angeklagte ihr gefolgt und fasste sie am Arm an, um sie zu beruhigen. Dabei sagte er: ›Okay‹, ›Pst‹ oder etwas Ähnliches. Er wollte vermeiden, dass sie in ihrer Aufregung zu den anderen Schwestern hinlief und ihnen sogleich von dem Vorfall berichtete, weil dadurch die ohnehin gegen ihn gerichtete Stimmung noch gesteigert würde.

Die Zeugin W. besann sich nun, dass ihre Jacke und ihr Rucksack noch im Umkleideraum waren, und wandte sich zurück, um die Sachen zu holen. Der Angeklagte war ebenfalls in das Innere des Raumes zurückgekehrt, um, wie er sagt, sich noch die Schuhe zuzumachen. Im Übrigen hatte er sich seine private Kleidung schon vorher wieder angezogen. Die Zeugin W. hatte inzwischen ihre Fassung zurückgewonnen und machte nun, um den Angeklagten in seine Schranken zu weisen und ihm eins auszuwischen, eine Bemerkung in dem Sinne, dass sein Moskauflug nur ein Gag gewesen sei, um sich wichtigzumachen. Das traf den Angeklagten, der nach wie vor von der Bedeutung seiner Friedensmission zutiefst überzeugt war, an seiner empfindlichsten Stelle. Die abfällige Bemerkung versetzte ihn in eine starke Erregung. Er griff spontan nach dem Messer, das er zufällig in der Hosentasche hatte, ließ die 7 cm lange, spitz zulaufende Klinge aufspringen und stach damit zweimal kräftig auf den Körper der vor ihm stehenden Zeugin W. ein, wobei er das Risiko sah, dass sie an den Messerstichen sterben konnte, was er in seiner Aufgebrachtheit billigend in Kauf nahm. Ein Stich traf die Zeugin etwas oberhalb des Nabels in den Bauch, drang aufwärts führend etwa 7 cm tief in die Bauchhöhle ein und berührte den Magen sowie die Bauchspeicheldrüse, ohne allerdings diese Organe ernsthaft zu verletzen. Ein weiterer Stich traf etwas oberhalb der siebten Rippe rechts den Brustkorb, ohne Verletzung innerer Organe. Zwei andere Verletzungen der Zeugin W., die durch Abwehrbewegungen hervorgerufen worden sein können, betrafen einen etwa linsengroßen Epidermisdefekt im Bereich der rechten Brust und eine oberflächliche Schnittverletzung am linken Zeigefinger.

Die Zeugin W., die schon beim Erblicken des Messers vor Beibringung der Stiche zu schreien begonnen hatte, lief unter weiterem Geschrei aus dem Umkleideraum hinunter zur Station M 9, wo sich die Zeuginnen G. und N. aufhielten. Als diese die von der Verletzten ausgestoßenen Rufe ›Mathias, Mathias‹ hörten, dachten sie zunächst, dass diesem etwas passiert sei. Als sie dann sahen, dass die Zeugin W. schwer verletzt war, veranlassten sie sogleich deren Verbringung in die Chirurgie des Krankenhauses, wo die Geschädigte durch den als Sachverständigen und Zeugen gehörten Arzt Dr. N. operiert wurde …

Nachdem die Zeugin W. den Umkleideraum schreiend verlassen hatte, steckte der Angeklagte das Tatmesser ein, verließ das Krankenhaus und fuhr zu dem Reitstall, in welchem sein Pferd stand. Er wischte das Messer ab und legte es dort in einen Werkzeugschrank. Dann meldete er sich, nachdem er längere

Zeit durch den Wald geirrt war, von der ›Pony-Waldschänke‹ im Klövensteen aus telefonisch bei der Polizei. Als die Polizei dort erschien, stellte er sich.«

Ich kannte Mathias Rust nur aus der Zeitung und dem Fernsehen. Die Bilder der Landung seiner Cessna 172 am 28. Mai 1987 auf einer Brücke neben dem Roten Platz in Moskau hatten den jungen Mann mit einem Schlag weltberühmt gemacht. Er war von Helsinki aus ausgerechnet am sowjetischen »Tag der Grenztruppen« in einem über fünfstündigen Flug nach Moskau direkt zum Kreml geflogen und war nur nicht auf dem Roten Platz gelandet, weil dort zu viele Menschen waren. Der junge Enthusiast mit seiner Vision vom Weltfrieden wollte der sowjetischen Führung – am liebsten Gorbatschow persönlich – eine Friedensbotschaft überbringen. Die Leute auf der Brücke klatschten, als Mathias Rust in seinem roten Overall aus dem Flugzeug stieg. Eine Frau überreichte ihm als Willkommensgruß spontan ein Brot. »Nächstes Mal einen Antrag stellen«, riet ihm lachend ein Polizeioffizier, der sich als Polizeichef von Moskau herausstellte und nach dem Grund für seinen Flug fragte, als er seinen Ausweis kontrollierte. Dann wurde die Cessna beschlagnahmt, und man brachte ihn auf das nächste Polizeirevier und von dort in das Lefortowo-Gefängnis, den Ort, an dem der Geheimdienst KGB seine Gefangenen festhielt.

Während der KGB noch in der Nacht begann, den jungen Mann zu verhören, nach Vorbereitung, Route und Motiven befragte, wurde auf den Titelblättern in aller Welt die Sensation des Jahres 1987 verkündet. Manchen erschien es so unglaublich wie die Mondlandung, der »Kremlflieger« wurde zum

»Teufelskerl« und »Friedensengel«, der im »Reich des Bösen« oder wahlweise im »Herz der Finsternis« gelandet war.

Der Junge hatte etwas Unmögliches vollbracht, kommentierte der wendige ehemalige Botschafter der UdSSR und aktuelle Chef der staatlichen Nachrichtenagentur *Nowosti*, Valentin Falin. Er habe eine Lücke von eintausend Kilometern in einem Luftabwehrsystem aufgespürt, das als beinahe vollkommen galt. Damit war bewiesen, so Falin, dass das Leben mehr Überraschungen bereithält, als sich jede Fantasie vorstellen kann. Er empfahl, den Jungen zu ermahnen, so etwas nicht wieder zu tun, und zu seiner Mutter nach Wedel zurückzuschicken.

Für so viel Souveränität und Humor hatte der KPdSU-Generalsekretär Michail Sergejewitsch Gorbatschow gar kein Verständnis. Falin wurde ob der lockeren Rede scharf gerügt. Gorbatschow hätte Größe zeigen und das Ereignis nutzen können, um der Welt zu demonstrieren, wie offen die neue Sowjetunion in Zeiten von Glasnost und Perestroika bereits war. Aber er entschied sich für das Reaktionsmuster der alten sowjetischen Schule. Er nahm das Ereignis als Schlag gegen die Führung des Landes und als Angriff auf seine Politik. Rust muss ihm trotz aller Empörung wie ein Geschenk des Himmels erschienen sein. Denn nun hatte er einen handfesten Vorwand, um mit der alten widerständigen Garde in der Armee aufzuräumen. Mit dem Verteidigungsminister Sokolov schickte er weitere 150 Generäle und Kommandeure in den Ruhestand. Das kleine Sportflugzeug hatte mit seiner Landung neben dem Roten Platz eine größere Lücke in den Generalstab der Roten Armee gerissen, als es jede andere Schlacht seit dem Großen Vaterländischen Krieg getan hatte. Später behauptete man, Gorbatschows Reaktion auf Rusts Landung sei der Anfang vom Ende des Warschauer Pakts gewesen.

Die Untersuchungsrichter im KGB-Gefängnis ließen ihren

Gefangenen untersuchen und verhörten ihn in den folgenden drei Wochen jeden Tag mehrere Stunden lang. Sie gingen wie selbstverständlich davon aus, dass die Aktion von einer fremden Macht vorbereitet und gesteuert worden war, um die Ost-West-Verhandlungen zu torpedieren oder, auch eine der Spekulationen, den noch in Spandau einsitzenden Hitler-Stellvertreter Rudolf Hess freizupressen. Aber Rust kannte Hess gar nicht, und so redete er frei von der Leber weg, wiederholte immer wieder, wie er den Flug vorbereitet und woher er die Karten hatte, wie der Flug abgelaufen war und warum er das gemacht hatte. Irgendwann waren selbst die hartgesottenen KGB-Leute davon überzeugt, dass der junge Mann keine Gefahr für das Land darstellte. Aber natürlich konnte das Politbüro, das wegen dieses Vorfalls gerade die halbe Militärführung ausgewechselt hatte, nicht zugeben, dass es nie eine ersthafte Gefahr gegeben und es sich, salopp gesagt, um einen »Dumme-Jungen-Streich« gehandelt hatte. Gorbatschow soll auf einer Politbürositzung am 16. Juli 1987 auf den Vorschlag, Rust nach Deutschland zu schicken und die Sache den Deutschen zu überlassen, wütend gesagt haben: »Wie war es möglich, dass so etwas geschehen konnte? Er wollte sich mit mir treffen? Mit mir treffen sich viele und schreiben, und ich antworte. Aber nein, das hier ist eine Provokation! Wir haben 150 Generäle und Offiziere dem Gericht übergeben, wir haben den Verteidigungsminister abgelöst! Warum? War das vielleicht nicht richtig? Und jetzt sagen wir ihm: Nun geh nach Hause? Nein.« Man wollte das Gesicht wahren, aber die Sache trotzdem so schnell wie möglich aus der Welt schaffen, denn in diplomatischen Kreisen wurde keine Gelegenheit ausgelassen, auf das Schicksal des »Kremlfliegers« hinzuweisen.

Am 2. September 1987 begann der Prozess vor dem Obersten Gericht der UdSSR. Die Anklage lautete auf gesetzwidrige

Einreise in die UdSSR, Verstöße gegen die Regeln des internationalen Luftverkehrs und böswilligen Hooliganismus. Fast wäre der Prozess geplatzt, denn der Gefangene, der in der Haft über zehn Kilo abgenommen hatte, bekam drei Tage vor Prozessbeginn Magenkrämpfe und Durchfall.

Rust bekannte sich im Prozess, bis auf den Vorwurf des Rowdytums, für schuldig. Der Staatsanwalt unterstellte ihm Vorsatz und große Dreistigkeit und forderte acht Jahre Lagerhaft. Die Weltpresse, die sich in dem frisch gestrichenen Gerichtssaal die harten Bänke teilte, war dann wie alle über das relativ milde Urteil erstaunt. Man verurteilte ihn zu vier Jahren Lagerhaft unter dem allgemeinen Regime, also nicht zu verschärften Haftbedingungen. Er blieb in Lefortowo und wurde nicht nach Sibirien gebracht. Es dauerte noch elf Monate, bis Gromyko und Gorbatschow es für angebracht hielten, den Häftling freizulassen.

Die Spekulationen um die Hintergründe des Flugs und die sich daran anknüpfenden diplomatischen Verwicklungen waren während der Zeit ins Kraut geschossen. Die Eltern von Rust hatten mit dem Magazin *Stern* einen Exklusivvertrag über die Geschichte abgeschlossen. Sie glaubten, damit die Presse vom Hals zu haben. Außerdem finanzierte die Zeitschrift ihre Besuche beim Sohn. Aber das führte nur zu Neid und Spekulationen der anderen Medien, bis zum Gerücht, der *Stern* selbst habe den Flug initiiert. Als Mathias Rust am 3. August 1988 Hals über Kopf aus dem Gefängnis entlassen und sofort in die nächste Lufthansamaschine nach Frankfurt gesetzt wurde, waren weder er noch die Heimat darauf vorbereitet.

In Frankfurt warteten Dutzende Fernsehteams, Medienvertreter und Schaulustige, um den »Kremlflieger« zu begrüßen. Sie wollten den »Helden« feiern, aber der verweigerte sich. Er hörte auf seine Berater vom *Stern*, ließ sich nicht interviewen und lehnte es ab, Blumen anzunehmen. Er weigerte sich, ein Held zu sein. Die Reporter des *Stern* fuhren mit ihrer Exklusiv-Beute in ein konspiratives Landgasthaus in der Lüneburger Heide, wo sie ihn drei Tage lang befragten. Der junge Mann hatte mit einem Schlag nicht nur den Rest der Presse gegen sich, sondern wurde auch von den *Stern*-Journalisten vorgeführt. Denn die waren enttäuscht, dass der völlig überforderte junge Mann, der vierzehn Monate unter einer 40-Watt-Glühbirne verbracht hatte, das Blitzlichtgewitter scheute. Die *Stern*-Leute hatten wohl so etwas wie einen Rambo oder einen roten Baron erwartet, und als sie dann die »schmalen, eingefallenen Schultern, die Brille und seine stets korrekte Kleidung« sahen, waren sie enttäuscht. Einen »tollkühnen Draufgänger« stelle man sich anders vor. Der *Stern*-Redakteur Follath, der für den Artikel verantwortlich zeichnete, mokierte sich später: »Rust war eine einzige Enttäuschung, eine intellektuell leere Hülle, die Gespräche waren enttäuschend, wir waren deshalb ganz unglücklich.« Offenbar hatte man erwartet, für 100 000 DM Exklusivhonorar einen Fliegerhelden wie Tom Cruise in »Top Gun« zu bekommen. Aus dem »Teufelsflieger« wurde für die Leser ein »geistiger Tiefflieger«, der »hirnrissiges Geschwafel« von sich gebe. Heute nennt man das wohl Shitstorm, was in den folgenden Wochen und Monaten über den jungen Mann und seine Familie hereinbrach. Etwa ein Jahr später – er hatte sich von seinem Honorar ein Auto und ein Pferd gekauft – begann er auf der Station M 9 im Krankenhaus Rissen seinen Zivildienst.

Die Staatsanwaltschaft ermittelte und erhob Anklage wegen versuchten Mordes. Das Strafmaß für eine solche Tat beträgt zwischen fünf Jahren und lebenslangem Gefängnis. Das Gericht erwartete bei der offensichtlichen Faktenlage einen kurzen Prozess und setzte nur drei Verhandlungstage an.

Zu dem Mandat, den Fall Rust zu übernehmen, kam ich über einen Umweg. Ein israelischer Pilot aus Tel Aviv, der die fliegerische Leistung des jungen Mannes bewunderte, hatte von der Bluttat gelesen und die Eltern von Mathias Rust angerufen. Er sagte ihnen, wenn ihrem Sohn jemand helfen kann, dann ist es Dr. Goldfine. Ich wohnte zu der Zeit in Wedel, und irgendwann klingelte bei mir das Telefon. Es war Frau Rust, die mich ohne Umschweife fragte: »Können Sie meinem Sohn helfen?«

Nach Lage der Dinge war der junge Mann ein hoffnungsloser Fall. Die Tat war geklärt, der Täter geständig, es war sein Messer, mit der die Krankenschwester verletzt worden war, und die öffentliche Meinung war gegen ihn. Ich besuchte ihn im Untersuchungsgefängnis. Als Erstes wollte er wissen, was im Oktober 1989 auf den Straßen in Leipzig los war, was die Russen dazu sagten und ob der Frieden in Gefahr sei. Ich erzählte, was ich aus den Nachrichten wusste, und meinte, im Moment sei eher seine Freiheit in Gefahr als der Frieden.

Ich bat ihn, mir die Tat zu schildern. Er sagte, er könne sich nicht erinnern. Er wollte nach Dienstschluss die Kollegin auf einen Kaffee einladen, sie habe ihn beschimpft, und dann könne er sich erst wieder erinnern, als er das Messer auf dem Ponyhof in den Werkzeugkasten gelegt habe. Ich fragte ihn, ob ihm das schon einmal passiert sei, dass er keine Erinnerung mehr habe. Er sagte, ja, er würde sich leicht aufregen, und später würde dann eine Tasse auf dem Boden liegen oder etwas kaputt sein, ohne dass er sich erklären könne, wie das geschehen sei. Ein »Blackout«, sagte ich. Mathias nickte. Ich fragte ihn, seit wann er solche Ausfälle habe. Er überlegte. Irgendwann nach dem Prozess in Moskau, sagte er. »Hat man dir etwas gegeben?«, fragte ich ihn. Nein, nur eine »Vitaminspritze in den Hintern«, erwiderte er. Vitaminspritze?

Irgendwie passten dieser schüchterne, unbeholfen wirkende junge Mann und die Tat nicht zusammen. Ich konnte mir einfach nicht vorstellen, wie er aus dem Nichts heraus eine solche Aggression entwickeln konnte. Auch den Eltern war ihr Sohn ein Rätsel. Er war ihnen früher eher zu phlegmatisch und still erschienen und als Kind niemals durch Jähzorn aufgefallen.

Ich erinnerte mich an Shmuel Tamir, den Anwalt des Angeklagten im Kasztner-Prozess in Jerusalem. Der hatte die Wende im Verfahren dadurch eingeleitet, indem er in Deutschland Briefe von Kasztner entdeckte. Vielleicht lag die Lösung dieses Falls ja auch woanders, nicht in Rissen, sondern in Moskau. Mathias' Eltern waren bereit, sowohl eine Kaution für ihren Sohn zu stellen wie auch meine Recherche in Moskau zu finanzieren.

Sie hieß tatsächlich Natascha. Sie war mir von der deutschen Botschaft in Moskau für meine Recherchen empfohlen worden. Sie war jung, hübsch und ganz sicher eine freiwillige oder unfreiwillige Mitarbeiterin des KGBs. Davon sollte ich jedenfalls ausgehen, sagte mir der Mann in der Botschaft. Wie auch immer, Natascha öffnete Türen, an die die Botschaft geklopft hatte. Zunächst beim Direktor des Lefortowo-Gefängnisses, dem ich die allerherzlichsten Grüße seines ehemaligen Häftlings Rust übermitteln konnte. Er schwärmte von dem »Freund unseres Landes«. Als ich ihn fragte, ob der Häftling während der Haftzeit krank gewesen war und behandelt worden war, verwies er mich an die Staatsanwaltschaft, die alle Akten im

Archiv hätte. Aber wie kommt man an eine Akte der Staatsanwaltschaft in Moskau? Natascha sagte, lass uns hinfahren, ich kenne dort jemanden. Sie bat mich, draußen im Taxi zu warten. Ausländer durften nicht in das Gebäude. Nach einer ewig langen Zeit kam sie mit einem jungen Mann im dunklen Anzug und mit Bart wieder heraus. Er fragte mich, was ich wolle, und ich erzählte ihm offen die Geschichte. Dann unterbrach er mich plötzlich: »Wo kommst du ursprünglich her, du bist doch kein Deutscher?« – »Aus Israel«, sagte ich. Er sagte »Schalom« und »Warte« und ging mit Natascha in das Gebäude zurück.

Kurz darauf kam meine Begleiterin wieder. Als sie ins Taxi stieg, fragte sie: »Wo gehen wir essen?«

»Im Hotel Lux«, sagte ich. »Da wollte ich schon immer einmal hin.« Das Hotel »Lux« ist eine historische Stätte. Dort wohnten vor und während des Zweiten Weltkriegs die kommunistischen Migranten der Komintern. Georgi Dimitrow, Walter Ulbricht, Herbert Wehner, alles, was Rang und Namen in der Komintern hatte, wohnte hier. Hier bekämpften und verrieten sie sich gegenseitig, und viele holte man nachts ab. Danach verschwanden sie in Stalins Gulag oder planten das neue Deutschland nach dem Sieg über die Nazis.

»Das ist gefährlich hier«, sagte Natascha und deutete auf die Decke des Speisesaals, der inzwischen zu einem teuren Restaurant umgewidmet worden war. Unter der Decke des morbiden Saals, der wohl seit der Oktoberrevolution nicht renoviert worden war, hatte man ein Drahtnetz gegen herabfallenden Putz gespannt. Es gab Krautsalat, Stör und vor allem Wässerchen, Wodka.

»Mein Genosse in der Staatsanwaltschaft hat mir etwas gegeben.« Sie gab mir einige Blätter aus der Akte Rust. »Außerdem hat er mir einen Namen genannt. Den des damals für die Verhöre zuständigen Arztes. Er ist inzwischen Pensionist.«

»Und du weißt, wo er wohnt?«, fragte ich. Natascha nickte und prostete mir zu.

»Ist das nicht gefährlich für dich?«, fragte ich. Sie trank das Glas mit einem Zug leer.

Am nächsten Morgen fuhren wir zu der ihr bekannten Adresse. Es war eine Wohnung in einem der unendlich großen und gleichen Moskauer Wohnblocks, von denen ein jeder durch seine Ausmaße offenbar die Größe des Landes und der Idee des Sozialismus augenfällig machen sollte. Es war, wie Natascha flüsterte, eine Kaderwohnung, also eine, die man als Auszeichnung für den Dienst am Vaterland und nur durch besondere Fürsprache bekommen konnte. Der Professor freute sich über den Besuch, seine Frau hatte Pelmeni gebacken. Dazu gab es Tee. Ich erzählte ihm von den Schwierigkeiten, die mein Klient – der ja unter seiner Obhut gewesen war – jetzt hatte und dass ich mir sein Verhalten nicht erklären könne. Ob er mir die Wirkung des Präparats, das in der Akte stand, erklären könne.

Er sagte, er habe am Serbski-Institut für Forensische Psychiatrie geforscht. Bei besonderen Fällen habe man ihn deshalb in der Anwendung bestimmter Mittel hinzugezogen. Der junge Deutsche sei kein schwieriger, aber dennoch ein komplizierter Fall gewesen. Warum, fragte ich. Na, er habe ja nichts zu verbergen gehabt. Und warum dann kompliziert? Weil es wegen der internationalen Aufmerksamkeit keinen Fehler hatte geben dürfen. Wir tranken Tee, aßen Gepäck und Pelmeni, und der Professor erzählte von seinem Stolz. Er habe ein Präparat entwickelt, das jeden zum Reden bringt. Ganz ohne Zwang. Und das Beste sei, dass dieses Präparat farblos und sowohl geruchs- wie geschmacksneutral sei. Man könne es ganz einfach ins Trinkwasser oder den Tee geben. Der Proband würde davon nichts mitbekommen. Er habe dem Deutschen das auch verordnet. Aber der habe sowieso alles gesagt und leider wie sein

Zellennachbar mit Magenbeschwerden und Gewichtsverlust reagiert. Es sei immer schwierig, die richtige Dosierung zu finden.

»Ist es ein Wahrheitsserum?«, fragte ich. Natascha übersetzte dies offenbar nicht. »Und meinen Sie«, fragte ich weiter, »dass das aggressive Verhalten und die Absenzen meines Klienten etwas damit zu tun haben könnten?«

Der Professor überlegte, sah mich an, nahm einen Schluck Tee. »Sagen wir es einmal so«, entgegnete er, »Barbiturate und die von mir entwickelte Besonderheit einer *Skopolamin-* oder auch *Spentotel*-Art haben die Eigenschaft, sich im Körper abzulagern, und könnten zum Beispiel durch Stress freigesetzt werden und aggressive Schübe auslösen.« Die Aggressionsschwelle würde extrem herabgesetzt, ergänzte er. Manchmal würde ein falscher Blick oder ein falsches Wort reichen und ... – er klatschte die Hände zusammen. Auch sei nicht auszuschließen, dass es in den folgenden fünf Jahren nach der Medikation zu Persönlichkeitsveränderungen komme. Er sei leider nicht mehr dazu gekommen, die langfristige Studie zu den Nebenwirkungen abzuschließen. Andere Institute würden jetzt dazu forschen. Kurzum, er könne solche Nebenwirkungen, wie ich sie beschrieben habe, nicht ausschließen.

Natascha war zunehmend nervös geworden und sah zwischendurch immer wieder auf die Uhr und aus dem Fenster. Irgendwann meinte sie, wir hätten den alten Herrn schon zu sehr beansprucht. Ich fragte ihn, ob er im Zweifel bereit sei, in Hamburg vor Gericht auszusagen. Hamburg, sagte er, »das soll eine schöne Stadt sein«. Aber ob man ihm das erlauben werde? Er wiegte den Kopf. Ich hatte meinen Beweis.

Auf der Rückfahrt zum Hotel schwieg Natascha. Als wir am Gorki-Park vorbeikamen, sagte sie: »Lass uns ein Eis essen.« Wir hielten und gingen zu einem Kiosk, wo es das berühmte Moskauer Eis gab. Als wir vor der Bude anstanden, um uns eine Portion zu kaufen, sagte sie leise: »Ich empfehle dir, nicht ins Hotel zurückzugehen, sondern in die Botschaft zu fahren und den nächsten Flieger nach Deutschland zu nehmen. Ruf im Hotel an, dass sie dir deine Sachen nachschicken.«

Ich sah sie erstaunt an. »Warum?«, fragte ich. »Darum«, sagte sie und deutete auf den Wagen, der in einiger Entfernung von unserem Taxi wartete.

»Okay«, sagte ich, »lass uns ins Hotel fahren. Ich hole meinen Koffer und fahre in die Botschaft.«

»Ich nehme die Metro«, sagte Natascha.

»Warum hast du mir geholfen?«, fragte ich. Sie zuckte mit den Schultern. Dann verschwand sie im Park.

Ich fuhr ins Hotel, raffte meine Sachen zusammen und hatte dabei das Gefühl, jeder Rezeptionist, jeder Kellner und jeder der Männer in den schwarzen Anzügen im hallengroßen Foyer würde mich mit den Augen verfolgen. Ich fuhr mit einem Taxi über eine halbe Stunde zur Botschaft, verlangte Einlass und ließ mich in einen der Sessel der Lobby fallen. Irgendwann kam ein Botschaftssekretär und erklärte, nicht jeder, der Probleme habe, könne in der Botschaft bleiben.

»Dann hören Sie mir bitte zu«, sagte ich. »Ich bin der Strafverteidiger von Mathias Rust und habe von wichtigen Zeugen Unterlagen bekommen. Ich bin deutscher Staatsbürger und befürchte, von der Polizei, dem Geheimdienst oder wem auch immer verhaftet zu werden. Es geht um Drogen, die meinem Mandanten verabreicht wurden. Sie wissen, Wahrheitsdrogen gelten nach einer UN-Konvention als Folter.«

Der Sekretär schluckte trocken, entschuldigte sich und verschwand. Als er zurückkam, sagte er: »Sie können heute hierbleiben, aber wir haben kein Bett für Sie. Wir buchen Sie morgen auf die nächste Maschine und fahren Sie zum Flughafen. So lange können Sie bleiben.« Er deutete auf den Sessel. Also saß ich eine Nacht lang im Foyer der deutschen Botschaft in Moskau, während zur selben Zeit der deutsche Außenminister Hans-Dietrich Genscher in Moskau die Verhandlungen über die Wiedervereinigung Deutschlands zwischen Kohl und Gorbatschow vorbereitete. Limousinen fuhren vor, Gruppen von Männern mit wehenden Mänteln eilten durch das Foyer, man warf mir fragende Blicke zu, und ich versicherte mich ein um das andere Mal, dass meine drei Seiten aus der Akte Rust noch in meiner Socke steckten.

Aus Moskau zurück, beantragte ich ein psychologisches und ein psychiatrisches Gutachten mit der Begründung, dass mein Mandant die Tat vermutlich im Zustand verminderter Schuldfähigkeit begangen hatte. Ich überlegte, wie ich es anstellen könnte, den Moskauer Professor als Zeugen zu berufen.

Der Staatsanwalt nahm meine Beweisanträge zunächst nicht ernst, er war davon überzeugt, dass der Fall durchging. Zu erdrückend war die Beweislast. Mathias Rust waren die Gespräche mit den Gutachtern gar nicht recht, schließlich sei er nicht verrückt, sagte er mir. Aber er fügte sich, und der Termin für den Prozess wurde festgelegt.

Dann bekam ich einen Anruf. Ein freundlicher Herr, der von der Telefonzentrale des Bundeskanzleramts durchgestellt wurde, rief mich an. Er sprach höflich, dass er gehört habe, dass ich in Moskau gewesen und dort auf gewisse Beweise im Fall Rust gestoßen sei. Ja, sagte ich ihm, ich weiß, was mit Mathias Rust im Lefortowo-Gefängnis gemacht wurde. Das wäre ja schön und gut, sagte er. Ich sei doch deutscher Staatsbürger und wüsste, dass die deutsche Geschichte im Moment vor einer Wende stünde. Es gehe um nichts weniger als die Wiedervereinigung, die ich doch sicher auch wolle. Natürlich, sagte ich, aber was hat das mit meinem Fall zu tun? Sehen Sie, sagte der Mann am anderen Ende der Leitung, man könne Verhandlungen nur erfolgreich führen, wenn der Partner einem vertraut. Und die Verhandlungen zwischen dem Bundeskanzler und dem Generalsekretär würden sich gerade sehr gut entwickeln. Da würde es gar nicht hilfreich, sondern gar staatsgefährdend sein, wenn so eine unpassende Sache, wie ich sie wohl aufgestöbert habe, an die Öffentlichkeit käme. Die Behauptung, in Russland würde man Häftlingen Wahrheitsdrogen verabreichen, sei keine gute Meldung. Vor allem, wenn man weiß, wie sehr sich die sowjetische Seite gegen solche Vorwürfe verwahre. Und im Fall Rust sei das geradezu kontraproduktiv.

Unpassende Sache? Aufgestöbert? »Mein Herr, wovon reden Sie«, fragte ich. »Ich habe den Beweis, dass Mathias Rust mit Wahrheitsdrogen gefoltert wurde. Ich bin als sein Verteidiger verpflichtet, alles Erdenkliche zu unternehmen, damit die Sache aufgeklärt wird. Er steht unter Anklage des versuchten Mordes, dafür kann er im schlimmsten Fall zu zehn Jahren Gefängnis verurteilt werden. Und wenn ich den Beweis vorlege, wird er vielleicht nach dem Prozess frei sein. Wollen Sie, dass ich Beweismittel unterschlage?«

Der Mann schwieg. Dann fragte er: »Was stellen Sie sich denn vor, wie der Prozess ausgeht?«

Nun schwieg ich und überlegte. Mein Mandant bestreitet die Tat ja gar nicht. Aber er hat sie meiner Auffassung nach im Zustand verminderter Schuldfähigkeit begangen. Ich vermute, dass das Gericht bei Würdigung der Beweise und der Umstände die Mordanklage fallenlassen und ihn vielleicht wegen schwerer Körperverletzung oder versuchten Totschlags verurteilen wird. »Ich denke mir«, antwortete ich schließlich, »es sollten nicht mehr als zweieinhalb Jahre dabei herauskommen.«

»30 Monate meinen Sie?«, hörte ich den Mann sagen.

»So ungefähr«, erwiderte ich.

»Und wenn wir das ohne Ihre«, er zögerte, »Beweise hinbekommen, wäre das in Ihrem Sinne?«

»Wie meinen Sie das?«, fragte ich.

Offenbar hatte der Mann am anderen Ende der Leitung einen Plan. Er sagte: »Können wir so verbleiben, dass Sie Ihre Erkenntnisse bis zum Prozessbeginn nicht an die Öffentlichkeit geben?« Er würde dann sehen, was möglich ist.

Ich brauche etwas Handfestes, sagte ich, sonst müsse ich machen, was nötig ist.

Er bedankte sich für mein Verständnis und verabschiedete sich. Als ich aufgelegt hatte, fiel mir auf, dass mein Gesprächspartner seinen Namen gar nicht genannt hatte. Ich sah aus dem Fenster – ja, da fuhren Autos. Ich nahm einen Schluck Tee, ja, er war warm. Ich träumte also nicht.

Der Prozess begann mit einem riesigen Medienaufgebot. Mathias Rust machte die übliche Figur, das hieß, er verhielt sich gehemmt, hochfahrend und unsicher. Die Anklage lautete auf versuchten Mord, und ich setzte darauf, dass die Gutachten ihre Wirkung nicht verfehlen würden. Beide Gutachter würden dem Angeklagten aus unterschiedlichen Gründen verminderte Schuldfähigkeit zugestehen. Und dann hatte ich ja noch das brisante Dokument in der Tasche. Und zur Not würde ich den Professor aus Moskau als Zeugen aufrufen.

Nach der ersten Verhandlung bat der Vorsitzende Richter den Staatsanwalt und mich in sein Zimmer. »Dr. Goldfine«, sagte er, »was machen Sie für Sachen? Fahren nach Moskau, scheuchen die Regierung auf, gefährden die Wiedereinigung.«

Ich wollte gerade etwas sagen, da wandte er sich an den Staatsanwalt. »Meinen Sie nicht, Herr Staatsanwalt, wir sollten alle zusammen die Sache ein wenig niedriger hängen? Sie haben den Angeklagten doch erlebt, der weiß doch gar nicht, wohin mit seinen Armen und seinem Körper, der ist in sich gefangen. Er scheint mir nicht der Typ Messerstecher. Versuchter Totschlag wäre doch angemessen. Was meinen Sie?«

Der Staatsanwalt realisierte, was hier geschah. Jemand wollte ihm sagen, was er zu tun habe. »Kommt gar nicht infrage«, sagte er, »ich bleibe bei meiner Anklage. Haben Sie vielleicht schon mit den Gutachtern gesprochen? Sind Sie vielleicht befangen?«, fragte er den Richter gerade heraus. Und dann: »Das mache ich nicht mit, einen Deal gibt es mit mir nicht. Das wäre ja noch schöner. Ich stelle einen Befangenheitsantrag gegen Sie.« Und rauschte raus.

Der Richter sah mich an und sagte: »Der beruhigt sich auch wieder.«

»Wenn nicht«, sagte ich, »muss ich ein paar unangenehme Dinge zur Sprache bringen.«

Der eine Gutachter sprach dann in seiner Aussage von möglichen Gründen für den »Blackout« und erwähnte Drogen, die die Aggressionsschwelle absenkten. Der Richter sah mich an, er ahnte, woher der Gutachter diese Spur hatte. Ich zuckte mit den Schultern, tat so, als wüsste ich von nichts. Am nächsten Tag schrieb die *Bild*-Zeitung: »Rust von Russen unter Drogen gesetzt?«.

Der Richter lehnte den Befangenheitsantrag der Staatsanwaltschaft gegen ihn ab. Der Staatsanwalt ließ mir ausrichten, dass er die Mordanklage fallenlassen könnte, wenn ich auf weitere Zeugen verzichten würde. Damit war auch der Richter sehr einverstanden. Am dritten Tag plädierte der Staatsanwalt und forderte acht Jahre wegen versuchten Totschlags. Ich verlangte einen Freispruch, mein Mandant lächelte. Das Urteil am 19. April 1991 lautete: »Der Angeklagte wird wegen versuchten Totschlags zu einer Freiheitsstrafe von zwei Jahren und sechs Monaten verurteilt.« 30 Monate also.

Im Saal wurde es bei der Urteilsverkündung unruhig, die Zuschauer empörten sich. »Buh« – »Das darf doch nicht wahr sein« – »Skandal«. Der Richter reagierte, wie er reagieren musste, und sagte kühl: »Wenn sich die Unruhe nicht legt, lasse ich den Saal räumen.« Einen Moment rief die Menge noch, dann grummelte und räusperte es nur noch und wurde still.

15 Monate später war Mathias Rust wieder frei. Michail Gorbatschow hatte den Friedensnobelpreis bekommen und sein Amt als Staatspräsident Russlands verloren. Noch im Mai 2012 schrieb der *Spiegel,* das milde Urteil sei wie Mathias Rust selbst – ein Rätsel.

Monate später traf ich zufällig den Richter in der Kantine des Landgerichts. Wir begrüßten uns, ich setzte mich an seinen Tisch, und wir unterhielten uns bei einem Kaffee über das Hamburger Wetter und seine bevorstehende Pensionierung. Irgendwann fragte er: »Hätten Sie den Beweis vorgelegt? Gab es ihn überhaupt?« Ich lächelte: »Gegenfrage: Wissen Sie noch, wer Sie aus Bonn angerufen hat? Mir ist doch tatsächlich der Name entfallen.«

DIE DRITTE KUGEL

Das Attentat auf Yitzhak Rabin

»Wissen ist Macht« und »Zeit ist Geld« sind zwei geflügelte Worte, mit denen ich aufgewachsen bin. Sie stammen aus dem 16. bzw. 18. Jahrhundert und passen nicht mehr so ganz in die Zeit, denn auch ihr Gegenteil stimmt. Im Fall der Wahrheitsdrogen bei Mathias Rust und im folgenden Fall des Attentats auf den israelischen Ministerpräsidenten Yitzhak Rabin hätte das Wissen um die Umstände zum damaligen Zeitpunkt, im Jahr 1995, Macht bedeutet – und vielleicht die Politik geändert. Jetzt, nachdem in beiden Fällen viele Jahre vergangen sind, hat die Zeit die Wunden geheilt. Viele werden mit den Schultern zucken über den Umstand, dass ein junger Mann in einem Moskauer Gefängnis mit Drogen vollgepumpt wurde.

Auch die Wahrheit hat ihre Zeit, und im Fall Rabin wird sich die Aufregung ebenfalls in Grenzen halten, auch wenn das damalige Ereignis bis heute die politische Lage in Israel bestimmt und das politische Klima nachhaltig vergiftet hat. Man wird die Fakten vielleicht abtun und in der Schublade »Verschwörungstheorie« ablegen. Aber sollten wir uns deshalb mit der Lüge begnügen?

Das Attentat auf den israelischen Ministerpräsidenten Yitzhak Rabin durch Yigal Amir am 4. November 1995 fiel in die

Zeit, als ich mich nicht in Israel aufhielt und mit dem Fall Schneider beschäftigt war. Ich weiß noch, dass ich am besagten Tag in Wedel bei meiner Familie war und wir Halloween feierten. Wir hatten Gäste eingeladen, die Kinder waren verkleidet, forderten »Süßes oder Saures« von den Nachbarn, und ich musste einen Papphut aufsetzen, um meinen Sohn nicht zu enttäuschen. Irgendwann sagte jemand: »In den Nachrichten haben sie gerade gemeldet, dass auf Rabin geschossen wurde.«

Ich war geschockt, denn Rabin war nicht irgendein Politiker. Rabin war Israel. Und er war ein besonderer Typ. Ich kannte ihn. In Israel läuft man sich immer irgendwann über den Weg. Auf der Schule, beim Studium, beim Militär. Er war Kommandant der Kommandantur Nord, als ich dort meinen Lehrgang machte. Man hat gemeinsame Bekannte, oder einer der Vorfahren kommt aus demselben Schtetl, aus dem auch der Onkel von Yitzhak stammt. Mein Vater kannte ihn und seine Mutter, die »rote Rosa«, die Frauenbeauftragte der Haganah, und seinen Vater aus Haifa. Beide kamen aus Osteuropa, beide arbeiteten zuerst für die Engländer, beide waren Kibbuznikim, beide Israelis.

Später in der Nacht wurde gemeldet, dass er ermordet worden war. Mir war klar, dass Israel vor einer inneren Zerreißprobe stand.

Am 4. November 1995 starb der israelische Ministerpräsident Yitzhak Rabin, nachdem der rechte jüdische Extremist Yigal Amir nach einer Friedenskundgebung in Tel Aviv auf ihn geschossen hatte. Amir wurde wegen Mordes zu lebenslanger Haft verurteilt. Eine Regierungskommission untersuchte die Umstände des Attentats, aber es blieben Zweifel an der Dar-

stellung der Ereignisse. Ich habe neue Erkenntnisse in diesem Fall.

Mit der Frage, wer für den Tod von Yitzhak Rabin verantwortlich ist, habe ich mich erst später beschäftigt. Es war nicht mein Fall, und die Akten waren lange unter Verschluss. Aber ich hatte – wieder einer dieser »Zu-Fälle« meines Lebens – einige Jahre später Gelegenheit, mir die Untersuchungsergebnisse anzusehen. Jemand mit vitalem Interesse an der Aufklärung des Falls wollte meine Meinung wissen, denn vieles erschien auch Jahre später noch unklar. Ich übernehme manchmal Mandate aus sozialen Gründen ohne Honorar. Dies war ein politischer Auftrag.

Ich studierte die Akten und legte sie Israels wohl renommiertestem Schusswaffenexperten und Ballistiker, Jekutiel, vor und bat ihn, ein Gutachten zu erstellen. Mein Bauch sagte mir, dass irgendetwas an der offiziellen Version nicht stimmen konnte. Und auf mein Bauchgefühl kann ich mich (meistens) verlassen.

Es gab den offiziellen Bericht einer Regierungskommission unter der Leitung von Meir Schamgar, der bis auf ein paar entscheidende Details die Tat lückenlos rekonstruierte. Schamgar war eineinhalb Jahre mein Vorgesetzter gewesen, als ich meinen Dienst bei der Militärstaatsanwaltschaft versah. Später wurde er Rechtsberater der Regierung und schließlich Präsident des Obersten Gerichts in Israel. Der Bericht der Schamgar-Kommission umfasste 250 Seiten, von denen die Regierung 117 für geheim erklärte. Ob die mir verdächtigen Umstände in diesen 117 Seiten aufgeklärt werden, weiß ich nicht, denn die Regierung Nethanjahu hat sie bis heute nicht veröffentlicht, obwohl auch Meir Schamgar dies forderte.

Nicht zuletzt wegen dieser Geheimniskrämerei gibt es eine Reihe von Verschwörungstheorien und Rekonstruktionen der Tat, die mehr oder weniger dunkle Mächte, den Geheimdienst, die Sicherheitskräfte oder politische Konkurrenten zu (Mit-) Tätern erklären. Bei solchen Theorien – die zu ganzen Büchern wurden – geht es dann oft nicht mehr um Tatsachen, sondern vor allem um die Frage: »Cui bono?«, wem nützt das. Das ist bei Mordsachen oft der richtige Ansatz, aber es führt meist keine gerade Linie von der Tat zu den Verschwörern. Der Tod von Yitzhak Rabin hat nicht nur den Friedensprozess im Nahen Osten ins Stocken gebracht, sondern in der Folge letztlich zur Regierung Nethanjahu geführt. Fragt man, wem der Tod Rabins genutzt hat, kann man die Antwort also ruhig im Raum stehen lassen.

Ich las eine Reihe von Rekonstruktionen und Verschwörungstheorien, die es im Fall Rabin gab. Eine ist von dem Journalisten Barry Charmish, der in seinem Buch »Wer ermordete Yitzhak Rabin?« zu dem Schluss kommt, Rabin sei nicht von Amir Yigal, sondern erst später, womöglich in seinem Wagen oder im Krankenhaus, vom Geheimdienst Schabak – im Auftrag oder mit Billigung des Staatspräsidenten Peres – tödlich verletzt worden. Michail Karpin und Ina Friedman wiederum, die in »Der Tod des Yitzhak Rabin« die politischen Umstände und Folgen des Anschlags analysieren, verorten die Verantwortlichen im rechten Spektrum, der politischen Heimat des Attentäters.

Nach den mir vorliegenden Fakten und angesichts der vielfach beschriebenen Umstände habe ich eine viel profanere Antwort gefunden. Yigal Amir hatte sich vorgenommen, Yitzhak Rabin zu töten. Er hatte Anstifter, Unterstützer, und es gab Nutznießer. Das ist unbestritten. Aber Amir war weder Auftragskiller noch Marionette, er wollte Rabins Tod. »Ich habe meine Arbeit getan«, hat er den Polizisten beim Verhör gesagt. Und er bezieht seitdem seine persönliche Bedeutung aus der Tat, er prahlt mit ihr, steht zu der feigen Hinterlist, als sei es etwas Heldenhaftes, einem Wehrlosen in den Rücken zu schießen.

Jahre, Monate und Wochen zuvor hatte er mit anderen gegen den »Verrat« Rabins gekämpft, sie hatten Rabin verflucht und seinen Tod gewünscht. Noch wenige Stunden vor dem Attentat hatte Amir in einer Synagoge gebetet, er möge »die Gelegenheit bekommen, den Ministerpräsidenten zu ermorden, sein eigenes Leben aber möge verschont bleiben«, schrieb Sven Felix Kellerhoff in *Die Welt*.

Amir hatte den Tatort mit Bedacht gewählt. Er war dorthin gegangen, wo Rabins Wagen während der Kundgebung »Ja zum Frieden, Nein zur Gewalt« geparkt war. Er setzte sich etwas abseits der Treppe auf einen Blumenkübel und wartete, dass sein Opfer die Stufen vom Balkon der »City Hall« herabkommen und in den Wagen steigen würde. Den Staatspräsidenten Peres, der Minuten vorher denselben Weg ging, verschonte er.

Die den Bereich bewachenden Sicherheitsleute hielten ihn für einen der ihren oder für einen Kollegen eines anderen Dienstes. Auf dem großen, zur Bühne umfunktionierten Balkon auf der anderen Seite des Gebäudes standen Künstler und fast das gesamte Kabinett. Sie hielten Reden, machten Musik und sangen zum Abschluss gemeinsam das »Lied für den Frieden«. Frieden und Aussöhnung in Nahost schien möglich, jedenfalls wünschten sich dies die 150 000 Demonstranten, die zu der Kundgebung auf den »Platz der Könige« gekommen waren.

Rabin war wie alle über die riesige Zustimmung überrascht und sprach zu den Leuten. Die letzten Worte der Rede des Friedensnobelpreisträgers lauteten: »Ich möchte gerne jedem Einzelnen von euch danken, der heute hierhergekommen ist, um für Frieden zu demonstrieren und gegen Gewalt. Diese Regierung, der ich gemeinsam mit meinem Freund Shimon Peres das Privileg habe vorzustehen, hat sich entschieden, dem Frieden eine Chance zu geben – einem Frieden, der die meisten Probleme Israels lösen wird … Der Weg des Friedens ist dem Weg des Krieges vorzuziehen. Ich sage euch dies als jemand, der 27 Jahre lang ein Mann des Militärs war.« Es lag so etwas wie Zukunft und Hoffnung in der Luft, alle Anwesenden waren für einen Moment glücklich.

Aber es war auch Wahlkampf und der Ausgang der Wahlen offen. Die Opposition, angeführt vom Likud unter der Führung von Benjamin Nethanjahu, hatte die Regierung zu Verrätern gestempelt. Plakate mit Rabin in SS-Uniform oder mit dem Palästinenser-Tuch drückten die Verachtung der orthodoxen, rechtsgerichteten Kreise um die militanten Siedler und Nationalisten aus. Der Wahlkampf richtete sich mit direkten Angriffen auch gegen die Person Rabin. Religiöse Eiferer wünschten seinen Tod herbei. Sie beschworen den Untergang und befürchteten, die Regierung Rabin würde »Eretz Israel« dem Feind – sprich den Arabern – ausliefern. Amir gehörte zu diesen radikalen Sektierern, die die Versöhnungspolitik verhindern wollten.

Ronni Kempler, ein Amateurfilmer, nahm von dem gegenüberliegenden Dach eines zweistöckigen Gebäudes auf, was dann geschah. Rabin kam nach seiner Rede gegen 20.45 Uhr in Begleitung von vier Leibwächtern die 26 Stufen der Treppe herunter. Seine Frau Lea war aufgehalten worden und blieb etwas zurück. Er ging durch eine dort wartende Menge auf seinen Wagen zu. Einer der Leibwächter war vor ihm und öffnete die hintere Wagentür. Zuständig für die Sicherheit waren sein Leibwächter Yoram Rubin sowie vier weitere Beamte, die im Bericht der Kommission mit den Initialen S. H., G. und A. H. bezeichnet wurden. Die Initialen des vierten Beamten wurden nicht bekannt gegeben. Um diesen Unbekannten wird es noch gehen.

Der Attentäter stand plötzlich hinter dem für einen Moment ungeschützten Ministerpräsidenten. Er hob den Arm und schoss Rabin mit einer 9-mm-Beretta-Pistole und sogenannten kurzen Patronen aus nächster Nähe in den Rücken. Rabin fiel nach vorn auf seinen Leibwächter Yoram Rubin zu. Der Attentäter schoss erneut, wie auf dem Video zu sehen ist, und gleichzeitig fiel ein dritter Schuss. Auf dem Video sieht man, dass Amir nur zweimal schoss. Ob auch der dritte Schuss von ihm abgegeben wurde, ist aus den Bildern nicht zu erkennen. Der Unterschungsbericht geht davon aus, dass Amir dreimal geschossen hat. Von diesen Kugeln trafen zwei Rabin in den Rücken und eine den Leibwächter Rubin in den Arm. Schon nach dem ersten Schuss hatten sich mehrere Personen über den Attentäter und den Politiker gestürzt. Rabin wurde von seinem Leibwächter Rubin in seine Limousine geschoben, und der Wagen raste mit beiden davon. Zu diesem Zeitpunkt wussten die Umstehenden nicht, ob Rabin verletzt war. Andere warfen sich auf Amir. Man stellte eine Pistole der Marke Beretta, Modell 84F, Kaliber 9 mm kurz, Nr. D98231Y, mit passendem Magazin sicher. Am Tatort wurden drei Patronenhülsen gefunden.

Der Wagen mit Rabin bog Zeugenaussagen zufolge nach links ab, obwohl der kürzere Weg zum Ichilov-Hospital nach rechts ging und vielleicht zwei bis drei Minuten gedauert hätte. So brauchte der Fahrer fast acht Minuten bis zum Krankenhaus, das eigentlich ganz nah war. Im Schamgar-Bericht ist dagegen vermerkt, dass der Wagen über die Alosorovstraße zum Hospital fuhr und laut Aussage des Chauffeurs nur 1,5 Minuten für die 700 Meter brauchte.

Ob der Fahrer die längere Strecke nahm und ob noch jemand (wie von einigen behauptet) im Fond des Wagens saß, ist ungeklärt. Rubin sagte aus, dass der Ministerpräsident, kurz nachdem der Wagen losgefahren war, im Sitz zusammensackte und er während der Fahrt Wiederbelebungsversuche unternommen habe. Der Schamgar-Bericht geht von einem Tatzeitpunkt von 21.47 Uhr aus und schreibt, dass der Wagen um 21.54 Uhr im Ichilov–Krankenhaus eingetroffen ist. Das Krankenhaus hatte niemand informiert, und so mussten Rubin und der Fahrer Damti erst beim Pförtner nach einer Trage rufen, bevor man Rabin aus dem Wagen heben konnte.

Im Krankenhaus wurde der Ministerpräsident in den Trauma-Raum der Notaufnahme gebracht und dann sofort operiert. Die inneren Blutungen waren jedoch so heftig, dass der Patient trotz intensivster ärztlicher Bemühungen gegen 22.30 Uhr verstarb. Rabin war von drei – die Schamgar-Kommission sagt zwei – Kugeln getroffen worden.

Einer der auf den Rücken abgegebenen Schüsse durchschlug den Körper von Rabin und verletzte den Leibwächter Rubin am Unterarm. Rubin wurde ambulant versorgt. Im Arztbericht wird seine Verletzung so beschrieben: »Schuss im linken Arm unter dem Ellenbogen, im Oberarm unter der Achsel. Keine Brüche oder Fremdkörper.«

Der Gutachter Jekutiel hat sich auf meine Hinweise hin die forensischen Daten, also die Verletzungen durch die Schüsse, angesehen und sie zehn Jahre später noch einmal mit den Einschusslöchern in der Kleidung abgeglichen. Man fand im Rücken des Jacketts von Yitzhak Rabin zwei Einschusslöcher, die den Löchern in Hemd und Unterhemd zugeordnet werden konnten. Ein drittes Einschussloch wurde in dem vorderen Teil des Hemds gefunden. Auch hier stimmt die Position des Lochs im Unterhemd damit überein. Man kann also mit Sicherheit davon ausgehen, dass drei Mal auf Yitzhak Rabin geschossen wurde.

Wenn aber Amir, wie in dem Film zu sehen, zwei Mal auf den Rücken des Ministerpräsidenten geschossen hat, wer gab dann den dritten – wie die Ärzte sagen, tödlichen – Schuss ab? Hier besteht ein Widerspruch zwischen dem Bericht der Schamgar-Kommission und dem Gutachten des Ballistikers Jekutiel. Zu erwähnen ist, dass der damals zuständige Pathologe namens Hiss laut Jekutiel sich widersprechende Berichte abgegeben hat und sein Befund zumindest fragwürdig ist.

Der Attentäter Yigal Amir war angesichts der Bilder zu keinem Zeitpunkt in der Lage, auf Rabin von vorn zu schießen. Auch die Schussfolge, ein schneller, von Zeugen wahrgenommener Doppelknall, ist mit der Waffe von Amir nicht möglich.

Jekutiel kommt in seinem Gutachten daher zu dem Schluss: »Aus meiner Erfahrung und nach meinen Kenntnissen der Kampfmethoden und der Übungen der Personenschutzeinheit muss ich annehmen, dass wenigstens einer der Leibwächter es geschafft hat, seine Waffe zu ziehen, und versucht hat, den Täter zu erschießen.«

Die Wahrscheinlichkeit, dass in einer solchen »engen« Situation, bei der der Leibwächter versucht, Yitzhak instinktiv auf den Boden zu reißen und sich schützend über ihn zu werfen (das ist eine Aktion, die jeder Leibwächter der Personenschutz-Einheit sofort macht), eine Kugel die zu schützende Person trifft, ist ziemlich hoch. Nach meiner Meinung ist es das, was in diesem Fall geschah. Wahrscheinlich sind auch die Verletzungen oder eine der Verletzungen am Arm des Leibwächters Yoram Rubin eine Folge einer schnellen Reaktion eines anderen Leibwächters.

Man kann die dritte Wunde im vorderen Körperteil Rabins sehr logisch erklären. Zum Beispiel: Der erste Schuss traf den oberen Teil von Rabins Rücken. Als er sich daraufhin nach vorn beugte, geschah dies zusammen mit dem instinktiven Versuch des Leibwächters, ihn zu Boden zu reißen. Just in diesem Moment öffnet sich bei Rabin das Jackett, und die Kugel eines weiteren Leibwächters (wahrscheinlich der, der am nächsten zum Wagen stand) trifft die Brust von Rabin – direkt im Hemd, ohne das Jackett zu beschädigen. Gleichzeitig durchschlägt die zweite Kugel des Attentäters Rabins Seite in Höhe der Hüfte und verletzt den Leibwächter am Arm.

Es gibt wahrscheinlich Gründe dafür, dass die staatliche Untersuchungskommission die dritte Kugel ignorierte. Man kann aber nicht außer Acht lassen, dass die dritte Wunde von den behandelnden Ärzten festgestellt wurde und durch den forensischen Befund der Kleider des Toten belegt ist.

Der Gutachter kommt zu folgendem Schluss: »Nach Analyse der mir vorliegenden Befunde und meiner Kenntnisse des Trainings der Personenschutzeinheit denke ich nicht, dass es einen Vorsatz der Kämpfer der Einheit gab, Rabin zu treffen. Ich bin davon überzeugt, dass der Attentäter Yigal Amir ist, aber ich bin auch überzeugt, dass der Tote von einem weiteren Projektil getroffen wurde. Das Projektil hat ihn unter tragischen Umständen getroffen, als die Leibwächter versuchten, den Attentäter auszuschalten … Die Behauptung, dass es eine Verschwörung gegeben habe, etwa dass Rabin durch staatliche Organe getötet worden sei, akzeptiere ich nicht und weise sie zurück.

Zu meinem Bedauern tauchen bei allen Attentaten auf hochrangige staatliche Persönlichkeiten und insbesondere in demokratischen Staaten sofort Verschwörungstheorien auf, ohne dass sie einen realen Hintergrund haben.«

So weit der Gutachter Jekutiel. Um Gewissheit zu haben, müsste er die Projektile untersuchen. Man würde dann feststellen können, ob sie aus einer oder aus unterschiedlichen Waffen abgefeuert worden sind. Jedenfalls hatte die Kugel, die Rabin von vorn in den Oberkörper traf, andere ballistische Eigenschaften als die beiden anderen. Ob die Projektile verglichen wurden und ob sich die Asservate noch im Staatsarchiv befinden, entzieht sich meiner Kenntnis. Wurden die Projektile vielleicht gar nicht gefunden, oder sind sie später verschwunden? Wurde der Wagen, der in der Schusslinie stand, auf Einschüsse untersucht? Auch der Gutachter konnte diese Fragen nicht beantworten und deshalb einen definitiven Beweis nicht erbringen. Die verantwortlichen staatlichen Stellen müssten die 117 Seiten der Schamgar-Kommission sowie die vorhandenen Beweisstücke zu wissenschaftlichen Untersuchungen nach über zwanzig Jahren endlich freigeben.

Eine weitere Begebenheit ist erwähnenswert. Die Schamgar-Kommission nennt den Namen des vierten Leibwächters ausdrücklich nicht. Brauchte er Schutz, oder war er im besonderen Auftrag am Tatort? Durch Recherchen in Sicherheitskreisen fand ich heraus, wer dieser Beamte war. Ich weiß, wie er heißt, habe seine Adresse und Personalausweisnummer. Zum Geschehen befragen konnte ihn nicht, denn er beging elf Tage nach dem Attentat auf Yitzhak Rabin unter niemals untersuchten Umständen Selbstmord. Möglich ist, dass die Schamgar-Kommission Spekulationen über den Suizid vermeiden wollte. Durch ihr Schweigen erreichte sie das Gegenteil. Das Geheimnis um den toten Leibwächter beflügelte die Theorien um die große Verschwörung.

Wenn es stimmt, dass der Attentäter Rabin töten wollte, ihn aber nur verletzt hat, sollte das geklärt werden. Wenn der Ministerpräsident durch »friendly fire«, also letztlich durch die Verkettung unglücklicher Umstände, ums Leben kam, ändert das nichts an den fatalen Folgen für ihn, seine Familie, den Staat Israel und den Frieden. Der Tod Yitzhak Rabins als Kollateralschaden? Schwer zu akzeptieren.

Das Geschehen vom 4. November 1995 hat Israel verändert, die Lager stehen sich immer noch unversöhnlich gegenüber. Aber inzwischen wäre es wohl keine Staatsaffäre mehr, wenn die tatsächlichen Umstände dieses Unglück bekannt würden. Träfe die »Unfalltheorie« zu, würde sie zumindest dem feigen Attentäter die Gewissheit rauben, »seine Arbeit« richtig gemacht zu haben. Er wäre dann zwar ein Attentäter und Verschwörer, aber im Sinne des Gesetzes kein Mörder. Die Vorstellung, dass dieser Mann dann freikommen könnte, würde das Land ein weiteres Mal zerreißen.

GEFÄHRLICHE HILFE

Die Motive der Fluchthelferin, die den
»Heidemörder« versteckte, und die merkwürdigen
Methoden der Hamburger Polizei

Die Ergebnisse der Rabin-Untersuchung werden erst mit diesem Buch öffentlich, denn meine Auftraggeber waren damals erschrocken über die möglichen Folgen. Man war damit zufrieden, Gewissheit zu haben.

Im folgenden Fall hatte meine Mandantin genau etwas anderes im Sinn. Sie suchte die Öffentlichkeit, um ihr Anliegen zum Erfolg zu bringen. Meine Aufgabe bestand also primär darin – wie im Fall Kasztner –, die gegen sie erhobenen Vorwürfe in eine Anklage umzuwandeln. Die Tat selbst war unbestritten, aber Ursachen und Verantwortung lagen nicht allein aufseiten der »Täterin«. Ein solcher Perspektivwechsel kann der Staatsanwaltschaft selbstverständlich nicht recht sein, weshalb sich ihr Fokus dann oftmals auf mich richtete.

Ich habe meine Staatsexamen als Jurist in Israel an der Hebrew-Universität in Jerusalem abgelegt und danach in Frankfurt meine Dissertation geschrieben. Anschließend habe ich unter anderem am deutschen Max-Planck-Institut geforscht und für meine Arbeit über jüdisches Recht den Siemers-Preis bekommen. Um aber vor einem deutschen Gericht als Verteidiger auftreten zu können, hätte ich die Staatsexamen in Deutschland ablegen müssen. Vor Gericht kann ich deshalb nur gemeinsam mit einem zugelassenen deutschen Anwalt und mit ausdrücklicher Zustimmung des Richters auftreten. Im normalen Prozessalltag waren solche formalen Dinge meist kein Problem. Sie wurden immer dann zum Thema, wenn die Gegenseite nicht weiterwusste. Oft habe ich erlebt, dass Staatsanwälte oder Richter, wenn sie ihre Felle davonschwimmen sahen, zum letzten Mittel griffen und mich vom Verfahren ausschließen wollten. Ich durfte mich nicht »Anwalt«, sondern nur »Anwalt in Israel« nennen, wurde verlangt. Meist waren diese Querelen hinderlich, aber letztlich nebensächlich. Tatsächlich ist meine Herkunft, meine Heimat in zwei Kulturen, der jüdischen und der deutschen, von Vorteil. Ich verstehe, was vor sich geht. Wie in diesem Fall.

Die kleine Tamar hüpfte hinüber zu den Nachbarn, die für das Wochenende nach Herzeliya an den Strand gefahren waren. Sie wollte die drei Sittiche, die in einer Voliere auf der Terrasse standen, füttern und ihnen frisches Wasser geben. Das war die Aufgabe der Zwölfjährigen, praktisch waren die Vögel wie alle Tiere der Nachbarschaft in der Straße in Tel Aviv in ihrer Obhut. Immer wenn sie auf die Terrasse kam, machten die Vögel einen Heidenkrach. Tamar stieg auf einen Stuhl, öffnete die Drahttür zu dem Käfig und griff mit ihrem Arm hinein. Langsam nahm sie den Futternapf aus Steingut mit den Körnern heraus, hob ihn vor ihr Gesicht und pustete die leeren Schalen weg.

Tamar schüttete neue Körner in den Napf. Die Vögel zwitscherten aufgeregt und hielten sich ängstlich an den gegenüberliegenden Stäben fest. Tamar wollte einem der Vögel über die Federn streicheln und griff nach ihm. Immer wenn Frau Mandelkov die Vögel fütterte, hüpften die ihr auf die Hand. Bei Tamar wollten sie flüchten. Vielleicht musste Tamar ein wenig ruhiger sprechen, dann würden auch sie sich beruhigen und zu ihr kommen.

Doch beruhigende Worte halfen nicht, die Vögel kreischten, und der Stuhl wackelte. Tamar musste sich an der Lehne festhalten, um nicht das Gleichgewicht zu verlieren, der Vogelkäfig schwankte hin und her. Einer der Sittiche hüpfte zu dem Loch im geflochtenen Draht, und ehe sich Tamar versah, flatterte er davon. Tamar sah ihm nach, rief »Halt«, aber da saß er schon im Busch auf der anderen Seite des Gartens. Flugs folgten ihm hinter ihrem Rücken die anderen Vögel. Zuerst war sie erschrocken, aber nicht weil die Vögel nun so wild herumflatterten, sondern weil sie an Frau Mandelkov dachte, die die Vögel doch so liebte. Sie würde keine Kekse mehr bekommen zur Belohnung für die Fütterung. Die Vögel waren frei. Tamar wusste, dass Frau Mandelkov traurig sein würde, auch wenn sie das nicht sagen würde. Tamar fühlte sich schuldig, weil sie ihre Aufgabe so schlecht erfüllt hatte. Aber traurig war sie nicht. Denn sie fand, Vögel gehörten nicht in einen Käfig. Sie stellte das Futter in die Voliere und tauschte das Wasser aus. Wenn sie hungrig werden würden, konnten sie ja wiederkommen. Wenn sie einen besseren Platz finden, auch gut.

Mutter Lea wollte, dass ihre Tamar frei war, dass sie aber, wie sie, ein Leben nach den Traditionen führte. Die deutsche Sprache und die jüdischen Traditionen waren der Mutter wichtig. Sie war nicht wirklich jüdisch-orthodox, aber hielt an Ritualen fest, als wären sie ein Rettungsring. Sie ging mit Tamar regelmäßig zur Mikwe und bereitete koscheres Essen. Wenn

Tamar sich dagegen auflehnte, meinte die Mutter nur, »andere mussten deshalb sterben«. Damit war die Diskussion beendet. Der Himmel von Theresienstadt stand immer über ihrem Haus in Tel Aviv.

Von der Haft im KZ Theresienstadt hatte sie auch auf dem Krankenbett immer nur geflüstert. Der kleinen Tamar hatte sie beim Zubettgehen Geschichten von den schwarzen Männern erzählt, und dass es manchmal Musik gab, aber immer ganz wenig zu essen. Niemals wurde deshalb in ihrem Haushalt Brot weggeschmissen. Wenn es vertrocknet war, nahmen sie es, zerbröselten es und fütterten damit die Tauben in der Straße oder die Möwen am Strand. Ein Brotstückchen in den Wind werfen und zusehen, wie eine Möwe das Stück im Flug auffängt – das liebten sie bei Spaziergängen besonders. Die bösen Menschen hatten Mutter nicht getötet wie die vielen anderen. Sie hatte überlebt, war nach Tel Aviv gekommen und hatte dort ihren Mann Pinchas getroffen. Sie hatten geheiratet und ihre Tochter bekommen. Das Böse aber hatte sich in ihr eingenistet und war gewachsen. Als man den Krebs diagnostizierte, war es schon zu spät. Die Mutter starb, als Tamar 16 Jahre alt war, und nahm ihrer Tochter das Versprechen ab, sich um den Vater zu kümmern. Tamar nickte und vermisste die Mutter sehr. Sie schwor sich, immer frei und niemals Opfer zu sein.

Tamar engagierte sich in der Friedensbewegung »Schalom achschav«, demonstrierte, ging zu Meetings und ließ sich aus religiösen Gründen vom Militärdienst freistellen. Bei den Friedensaktivisten traf sie eine junge Frau, und sie verliebten sich. Ihre Liebe kam ausgerechnet aus Deutschland, dem Land der Täter. Lesbisch sein war auch in Israel in den 1970er-Jahren ein Problem. Tamar tat etwas dagegen, sie engagierte sich in der israelischen Homosexuellenbewegung und ging auf die Straße.

Sie folgte ihrer Liebe nach Hamburg, sie zogen zusammen. Tamar studierte, erst Amerikanistik, Anglistik, Germanistik und Philosophie, nach dem Magister Psychologie und Kriminologie. Sie wollte wissen, warum Menschen grausam werden und ob man das Böse heilen kann.

Nach dem Abschluss des Studiums war es für sie schwierig, eine Stelle als Diplom-Psychologin zu finden. So nahm sie schließlich eine Arbeit als Teilzeit-Beschäftigungstherapeutin in der Psychiatrie im Allgemeinen Krankenhaus Ochsenzoll, Haus 18, an. Das war die forensische Abteilung, eine geschlossene Station für Straftäter und gefährliche Personen. Die Bewohner waren entweder eine Gefahr für sich selbst oder für ihre Mitmenschen und wurden eingeschlossen. Vor den Fenstern waren Gitter, an den Türen Schlösser. Ein- und Ausgänge waren verriegelt, die Mitarbeiter mussten jedes Mal durch einen Sicherheitscheck. Die Stelle in der »Geschlossenen« war schon lange unbesetzt. Eine schwere Arbeit mit psychisch gestörten Gewalttätern stand ihr bevor. Thomas Holst wurde ihr Patient.

Thomas Holst entsprach auf den ersten Blick dem Bild des netten Nachbarn. Er hatte gute Manieren, war 31 Jahre alt, durch wenig Bewegung, Medikamente und das Essen etwas zu dick, seine Haare machten sich langsam rar. Er war »schweinenett zu den Frauen«, wie er selbst von sich sagte.

Allerdings nur, bis er sie bestialisch umbrachte. Er hatte einige Jahre zuvor in der Nordheide bei Hamburg drei Frauen vergewaltigt und erdrosselt. Die Presse nannte ihn den »Heidemörder«. Die erste Leiche fand man nackt an einem Feldrand.

Eine Mutter von zwei Kindern war als zweites Mordopfer nackt, vergewaltigt und erwürgt auf einem Acker aufgefunden worden. Das dritte Opfer, eine 22-jährige Kosmetikschülerin, lag verstümmelt in einem Graben.

Eine 19-jährige Frau aber konnte nach einer Vergewaltigung durch Holst aus der Wohnung des Täters fliehen, weil sie sich nicht gewehrt und so getan hatte, als sei sie einverstanden – mit einem Messer am Hals. Sie zeigte Holst an. Der Richter war nachsichtig mit dem Vergewaltiger und verurteilte ihn zu 18 Monaten Gefängnis auf Bewährung. Von nun an aber wurde Holst in einer Täterdatei geführt. Als nun die Polizei nach dem dritten Mord systematisch allen Spuren folgte, kamen Holsts Wohnorte ins Visier. Man verglich sie mit den Tat- und Fundorten und entlarvte schließlich den Mann, der als Grafiker sein Geld verdiente, als »Heidemörder«. Es fanden sich Faserreste des ersten Opfers in seiner Wohnung. Das Blut des dritten Mordopfers klebte an der Wand seiner Garage.

In einem ersten Prozess wurde Holst zu zwölf Jahren und sechs Monaten Gefängnis und in einem zweiten Prozess zu zweimal lebenslänglich verurteilt. Im Revisionsverfahren wurde das zweite Urteil in 14 Jahre umgewandelt und Holst ins Haus 18 des Klinikums Nord eingewiesen. Der Gutachter vermutete im ersten Mordprozess eine »narzisstische Selbstwertkrise«, und ein weiteres Gutachten diagnostizierte einen »frühkindlichen Hirnschaden«. Seine Mutter sagte vor Gericht aus, dass sie den Jungen als Kind nur mit vom Arzt verschriebenen Beruhigungsmitteln steuern konnte. Ein durch Gefühle von Überlastung gekränktes Kind lebe im Körper eines erwachsenen Mannes, schrieb der Gutachter.

Holst gestand die Taten im zweiten Prozess erst, als klar wurde, dass er mit dem Eingeständnis, ein »Lustmörder« zu sein, seine Strafe in der Psychiatrie anstatt im Gefängnis verbüßen würde. Im Krankenhaus, meinte er, würde man ihn therapieren, und das sei allemal besser als Knast.

Die Anstaltsleitung der Psychiatrie in Ochsenzoll meinte jedoch von Beginn an, das Gutachten, welches Holst als eingeschränkt schuldfähig beurteilt hatte, sei eine »Fehlindikation«, und die Verantwortlichen vertraten die Ansicht, dass Holst nicht in die Psychiatrie, sondern in den Strafvollzug gehöre. In einem Zeitungsinterview beklagte ein Arzt, dass unsere Gesellschaft dazu tendiere, »das Abnorme zu psychiatrisieren«. Die Idee von der grundsätzlichen Therapierbarkeit des Menschen sei falsch.

Tamar hatte sehr bald eine andere Meinung. Obwohl sie eine abgeschlossene Ausbildung als Psychologin vorweisen konnte, war sie nur als Beschäftigungstherapeutin angestellt. Dabei machte sie ihre eigenen Beobachtungen in der Arbeit mit Holst. Sie sah so etwas wie einen Mörder wider Willen in ihm, eine verirrte Seele, der geholfen werden musste. Sie diagnostizierte für sich die Persönlichkeitsstörung des Thomas Holst als therapierbar oder zumindest als therapiebedürftig. Bei den behandelnden Ärzten traf sie auf taube Ohren, und in ihr wuchs der Verdacht, die Ärzte würden alles dafür tun, damit ihr Patient in den Regelstrafvollzug überstellt würde. Sie warf der Klinikleitung vor, die Krankenakte des Patienten zu fälschen und alle Ansätze für eine Therapie zu verhindern.

Ihrer Meinung nach war Holst eine multiple Persönlichkeit, jemand, in dessen Innerem unterschiedliche Wesen um die Vorherrschaft kämpften, Menschen, Tiere, Fabelwesen, Tiere des Regenwalds, wie der Affe oder der mörderische Leopard. Sie las dies aus den Bildern, die der talentierte Zeichner malte, hörte es aus den Gesprächen mit ihm, wenn er einmal als alte Frau, dann als verschüchtertes Kind mit ihr redete. Sie sah in Holst den hilfsbedürftigen, nach Hilfe dürstenden Mann, der keine Gefahr für die Umwelt sein würde, wenn man sich ihm widmete. Was Hannah Arendt über das Böse formulierte, schien sie auch auf Holst anwenden zu wollen: »Niemand will böse sein, und jene, die trotzdem böse handeln, fallen in ein ›absurdum morale‹, in moralische Absurdität. Der, der das tut, befindet sich eigentlich im Widerspruch mit sich selbst, mit seinem eigenen Verstand und muss sich deshalb, in Kants Worten, selbst verachten.«

Tamar suchte im Täter das Opfer, im Frauenmörder das geschundene Kind, das Anspruch auf Hilfe hat. Ihre Hilfe. Aber der leitende Psychiater der Klinik machte sich nur lustig über die Idee der multiplen Persönlichkeit. »Holst mit seinen vielen Zwillingen? So ein Unsinn. Die sollen dann schuld sein?«

Holst selbst war ein unbequemer Patient. Er war auf Gerichtsbeschluss ins Haus 18 eingewiesen worden und hatte die Klinikleitung schon bald mit einem öffentlichen Dossier über Rechtsverstöße in seiner Abteilung herausgefordert. Er und nicht der behandelnde Arzt hatte Protokolle von seinen Therapiesitzungen angefertigt.

Tamar kam zu dem Schluss, das Bestreben der Ärzte würde nur darauf zielen, die »Therapieunfähigkeit« von Holst zu belegen. Sie war empört, denn ihrer Auffassung nach hatte jeder Patient – auch ein Mörder, wie sie jedoch meinte: ein Mörder wider Willen – das Recht, vorurteilsfrei, ganzheitlich und uneingeschränkt behandelt zu werden. Auch die Geschichte ihrer eigenen Familie spielte bei dieser Einschätzung eine Rolle: »Gelegentlich fühlte ich mich wie eine Figur aus dem Buch der Anne Frank. In dem kollektiven Gedächtnis des jüdischen Menschen existiert so eine instinktive Furcht vor Vernichtung und eine ganz besondere Sensibilität gegenüber Ungerechtigkeit, Internierung. Ich fühle mich in einer Doppelrolle: Kläger und Angeklagte zugleich. Die Gesellschaft hat kein Recht, sich an kranken Menschen zu rächen oder, weil sie unbequem sind, eine Art ›Euthanasie‹ oder ›Selektion‹ vorzunehmen.«

In den Dienstbesprechungen versuchte sie, ihre Auffassung darzustellen, machte sich dabei aber zunehmend bei den Ärzten unbeliebt. Eine Beschäftigungstherapeutin, die den Verantwortlichen widersprach, das war ein Übergriff. Im August erfuhr sie, dass man sie in eine andere Abteilung versetzen und Holst in den Strafvollzug überstellen wollte. Sie sah sein Leben in Gefahr, denn Holst drohte, sich umzubringen, wenn dies passieren würde. Sicher kam sie deshalb auf die Idee der »Fluchthilfe«.

Anfang September 1995 mietete Tamar ein Ein-Zimmer-Apartment unter dem Namen De Gaal in der Uhlandstraße im Stadtteil Uhlenhorst. Am 29. September 1995 fuhr sie wie an jedem Arbeitstag zur Arbeit. Sie ging wie jeden Tag durch die Sicherheitsschleuse, nahm an der Schnellvisite teil, machte ihre Therapiestunde mit Holst. Sie benahm sich wie immer, sodass sie später über ihr Verhalten im Einzelnen aussagen konnte, ohne sich in Widersprüche zu verwickeln. Dann öffnete sie ihrem Patienten den Zugang zum Dach und verließ wie immer das Haus.

Um 18.45 Uhr stieg sie auf ihr Fahrrad und radelte los. Sie fuhr aber nicht zum Bahnhof Klein Borstel, sondern versteckte sich in den Büschen nahe von Haus 18 und wartete. Thomas Holst war über den Dachboden und eine Luke auf das Dach geklettert und seilte sich mit einem vorher versteckten Seil ab. Er trug an diesem Tag eine schwarze Hose und einen schwarzen Pullover, sodass niemand den Schatten an der Hauswand sehen konnte. Tamar Segal hatte in den Büschen ein weiteres

Fahrrad versteckt. Gemeinsam fuhren sie zum Bahnhof. Tamar stieg in die U-Bahn, während Holst mit dem Rad zu dem Versteck fuhr. Dort trafen sie sich gegen 20 Uhr. Tamar zeigte ihm die Wohnung, in der sie alles vorbereitet hatte, und versorgte seine Wunden, die er sich bei der Kletterei an den Händen zugezogen hatte. Dann fuhr sie mit einem Taxi nach Hause. Kurz darauf bekam sie einen Anruf aus dem Krankenhaus. Man sagte ihr, sie solle kommen, ihr Patient sei verschwunden, und die Polizei wolle sie sprechen.

Tamar wurde wie alle Mitarbeiter und Patienten befragt. Sie erklärte, dass sie Holst lediglich eine Tür zur Station geöffnet habe. Mit der Flucht habe sie nichts zu tun. Ihre Erklärungen klangen plausibel, und man ließ sie gehen. Natürlich herrschte große Aufregung, und die Presse stürzte sich auf die Sache. *Der Heidemörder ist frei* versetzte die Hansestadt in Schrecken. Eine Sonderkommission (SOKO) Holst wurde gegründet, in der 20 Beamte nach dem 31-jährigen Ausbrecher fahndeten. Zur SOKO gehört auch eine Psychologin, die die »Fahndung im Inneren der Seele«, so schrieb *Die Welt,* leiten sollte. Zum einen vermuteten die Beamten, dass sich Holst ins Ausland absetzen will, zum anderen hatte er einem früheren Haftkollegen erklärt, was er nach seiner Flucht machen werde: »Bunker dich ein, bleib in der Bude und halt die Füße still.«

Über 1200 Hinweise gingen bei der SOKO ein, die abgearbeitet werden wollten, und der Erfolgsdruck auf die Polizisten stieg, je länger der Heidemörder auf freiem Fuß war. Der Cheffahnder befürchtete: »Der wird wieder morden.«

Tamar stand zunächst nicht unter Verdacht, blieb aber im Visier der Fahnder. Trotzdem konnte sie ihren Schützling in seiner Wohnung versorgen, ohne dass jemand es bemerkte. Aber Tamar hatte sich auch um ihren bettlägerigen Vater zu kümmern, den sie nach Hamburg geholt hatte. Und je länger die Flucht währte, desto näher kamen ihr und ihrem Umfeld die Fahnder. Ständig tauchten die Beamten bei ihr auf, fragten zwei-, dreimal dieselben Dinge, um Widersprüche herauszuhören oder Veränderungen zu registrieren. Ihre Freundin wurde durch die wiederholten Gespräche mit der Polizei nervös, sie verstrickte sich in Widersprüche über Tamars Rückkehr am Abend der Flucht. Die Polizei blieb an der Freundin dran, die dem Druck nicht standhielt und sich öffentlich an der Universität mit einer Flasche Eckes Edelkirsch bis zur Bewusstlosigkeit betrank.

Es kam zu seltsamen Aktionen, die auch später nie aufgeklärt wurden. Im Büro des damaligen Anwalts von Tamar erschien ein junger Mann in Jeansjacke und gab einen Brief ab. Darin behauptete jemand, zu wissen, dass der Anwalt Holst versteckt halte. Man forderte 20 000 DM, sonst würde man der Polizei einen Tipp geben. Der Anwalt wandte sich natürlich selbst an die Polizei und ging zum Schein auf die Erpressung ein. Doch trotz großen Polizeiaufgebots konnte man den Erpresser am verabredeten Ort nicht fassen.

Bei Tamar kam langsam der Verdacht auf, die Polizei wolle sie mit psychologischen Spielchen – wie mit der womöglich vorgetäuschten Erpressung und mit mehrmaligen unangekündigten Hausdurchsuchungen – aus der Reserve locken. Polizisten kamen als Telefontechniker in die mit ihrer Freundin bewohnte Wohnung, um eine »Störung« zu beheben, und verteilten »Wanzen« – ein großer Lauschangriff, wie er kurz zuvor gesetzlich legitimiert worden war. Über ihre Freundin kam man darauf, dass Tamar die Konten der Familie in Israel und in Hamburg aufgelöst und 240 000 DM abgehoben hatte.

Die SOKO schloss daraus, Tamar wolle mit Holst nach Israel fliehen oder habe ihm bereits dabei geholfen, sich dorthin abzusetzen. Zwei Beamte flogen nach Tel Aviv und fahndeten dort mit Plakaten nach Holst. Ohne Ergebnis. Man versuchte, Holst zu provozieren und ihn über Interviews oder Erklärungen herauszufordern. Ohne Erfolg. Den Fahndern wurde nach drei Monaten allmählich mulmig.

Am 29. Dezember entschlossen sich die Beamten zu einem riskanten Spiel. Sie nahmen Tamar Segal vor der Kanzlei ihres Anwalts fest. Obwohl sie keinen Beweis hatten, sperrten sie sie ein. Der Haftrichter hatte dem Haftbefehl zugestimmt, weil die SOKO-Beamten ihn von der Fluchtgefahr der Verdächtigen überzeugen konnten. Auch dies geschah nur, wie die Polizeipsychologin später erklärte, um Holst zu provozieren. »Entweder Holst geht ein Risiko ein, und wir fangen ihn, oder er stellt sich.«

Sie war nackt, und es war Nacht. Das Deckenlicht in der Zelle war so hell und gleichförmig, dass es keinen Schatten warf. Einen Lichtschalter gab es nur außerhalb der verschlossenen Zellentür. Um fünf Uhr nachts hatten sie Tamar in die Untersuchungshaft gebracht. Auf »höhere Anweisung« und »nur zu ihrem Schutz«, wie die Beamten sagten, hatte sie sich nackt ausziehen müssen. Nichts ließen sie ihr. Keine Kleidung, keine Uhr, kein Stück Seife, kein Handtuch, nicht einmal eine Zahnbürste. Und auch keinen Schatten. Einen Pyjama gab man ihr nicht, weil man verhindern wollte, dass sie sich in der Untersuchungshaft etwas antut. Warmes Wasser bekam sie in den nächsten vier Tagen nur, wenn sie danach verlangte. Aber nur zweimal am Tag in einer Schüssel. Auf der Pritsche lagen zwei reißfeste Wolldecken mit der Inschrift »Freie und Hansestadt Hamburg«. Ein kleines Waschbecken mit kaltem Wasser, eine Toilette ohne Deckel, ein vergittertes Fenster über ihrem Kopf. Die Wände waren in einer Farbe gestrichen, die höchstens die Bezeichnung Zellenbeige verdiente.

Vier Stunden lang verhörten sie die Frau nach der Verhaftung. Sie war 39 Jahre alt, geboren in Tel Aviv, Israel, studierte Psychologin, zuletzt tätig als Beschäftigungstherapeutin im Allgemeinen Krankenhaus Ochsenzoll, Abteilung forensische Psychiatrie, Haus 18. Zwei Polizisten in Zivil und die Psychologin stellten die Fragen.

»Wie fühlen Sie sich?« – »Schildern Sie uns doch bitte den gesamten Tagesablauf am Fluchttag des Herrn Holst.« – »Haben Sie Herrn Holst geduzt oder gesiezt?« – »Sie sind die Bezugsperson von Herrn Holst gewesen, auch die Vertrauensperson?«

Tamar sagte, was sie seit der Flucht immer und immer wieder gesagt hatte. Es schien, als wären die Polizisten von keiner ihrer Antworten überrascht, weder nahmen sie die Angaben wichtig, noch schenkten sie ihnen Glauben. Die entscheidenden Fragen stellten sie nicht. »Haben Sie Herrn Holst zur Flucht verholfen?« – »Wo ist er jetzt?« Das fragten die Polizisten nicht. Sie setzten nicht auf ein Geständnis, sondern auf die Wirkung der Presseerklärung, die gleich nach der Verhaftung durch die Hamburger Medien stündlich verbreitet wurde: »Die Therapeutin des Heidemörders wegen Verdachts der Fluchthilfe in Haft.«

Sie wollten eine Reaktion, von ihr, von Holst, von anderen Helfern, sie kannten das Risiko und gingen es bewusst ein. Die Polizeipsychologin erklärte: »Die Presse wurde rechtzeitig informiert, wir wollten es eindrucksvoll für Holst machen!«

Tatsächlich ging das Spiel auf. Noch am selben Tag erschien ein etwas dicklicher Mann mit Halbglatze auf der Polizeiwache 31. Er trug einen hellblauen Trainingsanzug und in der Hand einen Rucksack. Er stand vor dem Tresen und sprach einen Beamten an. »Ich möchte mit Ihnen sprechen.«

»Mit mir?«, fragte der Beamte. – »Ja, Ihnen vertraue ich«, sagte der Mann.

»Na, dann kommen Sie mal und erzählen, was Sie auf der Seele haben«, sagte der Beamte und deutete auf einen Stuhl. Der Mann setzte sich.

»Einen Kaffee?« – »Gern.«

»Ich bin der, den Sie suchen.« – »Wer?« – »Na der, der aus Ochsenzoll abgehauen ist.«

Holst öffnete den Rucksack, holte ein Bündel Geld heraus und legte es auf den Schreibtisch. »Und hier ist das Geld.« Es waren 163 000 DM.

Der Beamte brauchte einen Moment, bis er begriff, wer da vor ihm saß. »Sind Sie Thomas Holst, der ...?« Der Beamte brachte den Satz nicht zu Ende.

Holst nickte. »Sagen Sie bitte bei Ihren Kollegen Bescheid, dass Frau Segal damit nichts zu tun hat.«

Die Meldung, dass der Heidemörder sich gestellt hatte, war in allen Medien die Topnachricht zur Jahreswende. Die SOKO triumphierte: »Wir haben ihm sein logistisches und moralisches Umfeld entzogen. Unsere Prognose war, dass er sich dann stellen würde.« Und die Profilerin erklärte, das Holst den Gedanken nicht hätte ertragen können, dass er gefasst wird. Er habe das Heft des Handelns in der Hand behalten wollen.

Hinterher ist man immer schlauer. Nicht auszudenken, wenn Holst anders reagiert hätte.

Auch Tamar erfuhr in der Nacht über das Radio der Nachbarzelle von der Verhaftung. Die Polizei ging erst recht davon aus, dass sie sich jetzt etwas antun würde. Und einen Richter oder Rechtsanwalt würde sie an Silvester nicht erreichen, um gegen ihre Behandlung zu protestieren. Also ließ man sie über die Jahreswende bis zum 2. Januar unbekleidet und bei Dauerlicht in der Zelle.

Die Polizei ließ gegenüber der Presse durchsickern, dass es sich wohl um eine »Befreiung aus Liebe« gehandelt habe, und ging weiterhin davon aus, dass die Flucht und das Versteck ohne weitere Helfer nicht zu organisieren gewesen seien. Man spekulierte in der Presse, dass Tamar für die Befreiungsaktion bis zu fünf Jahre Gefängnis bekommen könnte. Tamar hatte die gesamte Öffentlichkeit gegen sich, und das von Journalisten kolportierte Gerücht, die Therapeutin habe den Killer aus (perversen) sexuellen Motiven befreit, beförderte die Fantasie der Boulevardpresse. »Hat Liebe diese Frau blind gemacht? War sie ihm sexuell hörig?«

Die Maßnahme, Tamar nackt in die Zelle zu sperren, ihr den Schlaf zu rauben, war illegal. Vielleicht war es die Rache für die schlaflosen Nächte, die die Beamten bei der Fahndung verbracht hatten. Bedenken hatten die Beamten nicht. Man tat es einfach. Sollten doch andere sich später dafür entschuldigen.

Nackt. Allein. Tamar spürte, dass man sie fertigmachen wollte. Sie musste an ihre Mutter denken, die so oft vom Gefühl des Eingesperrtseins gesprochen hatte. Aber sie würde nicht die Nerven verlieren wie ihre Freundin, der man drei

Mal denselben Hausdurchsuchungsbefehl vor die Nase gehalten hatte und in deren Abwesenheit ihr Zimmer und privateste Dinge durchsucht worden waren. Tamar und ihre Freundin hatten sich entfremdet, und die Freundin hatte in ihrer Not der Polizei alles erzählt, was sie über die persönlichen Verhältnisse Tamars wusste.

Tamars Vater Pinchas war bettlägerig, ein 89-jähriger Mann, der seit drei Jahren nicht mehr allein zur Toilette gehen konnte. Sie musste ihn füttern, waschen, anziehen. Jeden Tag, tagein, tagaus. Sie hatte ihn wenige Tage zuvor, an Weihnachten, auf dem Boden sitzend mit einem Kissen im Arm vorgefunden, und er hatte erschrocken gemurmelt, es seien viele Männer in der Wohnung gewesen. Spiegel waren verrückt, Schlösser aufgebrochen, Schränke durchwühlt – ganz so, als wollte die Polizei ein Zeichen setzen, dass sie sich noch nicht einmal mehr in ihrer Wohnung sicher und unbeobachtet fühlen konnte.

Tamars Vater war in Israel ein angesehener Arzt gewesen, er hatte in dem legendären Pagoda-Haus am King Albert Square eine Privatklinik geführt. Sie hatten in dem großen Haus gewohnt, mit Balkon und Salon. Ein wohlhabender und angesehener Mann, der leider zu früh Witwer geworden war. Die Tochter war sein Stolz, und sie sollte auch einmal wie er einen wichtigen Beruf haben. Jetzt lag er seit drei Jahren, an Parkinson und grauem und grünem Star erkrankt, in einer kleinen Wohnung in Hamburg-Bahrenfeld. Er war hilflos, musste mit ansehen, dass man ihn hin- und herschob und seine geliebte Tochter verdächtigte, einen Mörder zu schützen. Er verstand das alles nicht, es machte ihm Angst. Was sollte werden, wenn seine Tochter ihm kein Essen mehr machen und nicht mehr die Windeln wechseln würde? Er liebte sie und musste auf sie aufpassen, immer noch. Dachte er.

Sein kleines Täubchen war so anders geraten, als er es sich

damals gedacht hatte. Sie war immer schon ein ernstes, kluges Mädchen gewesen. Sie kam im Charakter seiner Frau Lea nach. Und dann diese Freundin, eine Deutsche. Kann man jemanden aus dem Land der Täter lieben? Der Vater konnte das nicht verstehen. Verstehen konnte er auch nicht, dass sein Täubchen plötzlich verschwunden war.

Mich erreichte am Dienstagmorgen, am 2. Januar 1996, eine Nachricht der jüdischen Gemeinde. Man bat darum, mich um Tamar zu kümmern. Den Vater hatte man einen Tag nach der Verhaftung zwangsweise und gegen seinen Willen in ein Krankenhaus eingeliefert, obwohl die Gemeinde angeboten hatte, eine Pflegekraft zu organisieren. Als ich im Untersuchungsgefängnis eintraf, trug Tamar einen blauen Trainingsanzug, den man ihr kurz zuvor gegeben hatte. Ich konnte mich nur auf dem Zellenflur mit ihr unterhalten. Sie machte einen gefassten Eindruck und warnte mich: »Ich bin wohl ein ganz widersprüchlicher Mensch: Israelin, die eher europäisch aussieht, eine Frau, die Frauen liebt, eine jüdische, feministische Psychologin, die einen Deutschen, den sogenannten Heidemörder, aus der Klinik befreit hat. Wollen Sie mir helfen?« Sie schien nicht erlöst zu sein, dass es vorbei war, sondern froh, dass es endlich losging. Sie fühlte sich am Beginn ihrer Mission.

Mir wurde schnell klar, sie war kein Opfer und wollte keines sein. Sie war davon überzeugt, jetzt würde man ihr endlich zuhören, wenn sie über die Zustände in der Psychiatrie im Krankenhaus Ochsenzoll sprechen würde.

An eine Entlassung aus der U-Haft war wegen der Höhe der zu erwartenden Strafe und der unterstellten Verdunklungs- und Fluchtgefahr nicht zu denken. Die Polizei war immer noch dabei, nach Hintermännern zu fahnden. Die SOKO konnte sich nicht vorstellen, dass sie von einer Therapeutin drei Monate lang an der Nase herumgeführt worden war.

Tamar schilderte mir bei den folgenden Besuchen ihre Sicht der Dinge. Zum einen bestritt sie, ein Liebesverhältnis mit Holst zu haben. Sie sei lesbisch und habe noch nie ein körperliches Verhältnis mit einem Mann gehabt. Ihre Taten habe sie als Therapeutin begangen. Es sei ein Akt des Widerstands und eine Rettungsaktion gewesen, um auf die Zustände in der Psychiatrie aufmerksam zu machen.

Am 15. Januar brachten sie Tamar in Fuß- und Handfesseln ins Krankenhaus zu ihrem Vater. Man fesselte sie während des Aufenthalts mit Handschellen an sein Bett. Er war bewusstlos und atmete schwer. Man hatte ihm einen Blasenkatheder gelegt, weil man ihn nicht ständig windeln wollte. Er bekam dadurch eine Harnwegsinfektion und schließlich eine Blutvergiftung. Tamar bat darum, ihren Vater bei Freunden unterbringen zu dürfen, aber das wurde abgelehnt. Da man befürchtete, Reporter könnten ihn am Krankenbett aufspüren und befragen, verlegte man ihn mehrfach. Vier Wochen nach der Verhaftung von Tamar starb ihr Vater allein im Krankenhaus.

Ich organisierte die Beerdigung und begleitete ihn auf seinem letzten Weg, ein Rabbi sprach das Kaddisch. Tamar wollte nicht in Hand- und Fußfesseln auf den Friedhof, deshalb blieb sie im Gefängnis. Wegen »Eigengefährdung« durfte sie in der Zelle auch keine Kerze für ihren Vater anzünden.

Tamar musste bis zur Verhandlung in Untersuchungshaft bleiben. Der Prozess fand sieben Monate nach ihrer Verhaftung statt. Mir war schnell klargeworden, dass dieser Prozess nur in der Öffentlichkeit gewonnen werden konnte. Dass sie nur eine Chance hatte, wenn ihr Anliegen publik wurde. Ich machte im Prinzip das, was ich 1953 bei Tamir gesehen hatte, und benutzte zur Verteidigung die Öffentlichkeit, wie die Polizei die Presse zur Fahndung instrumentalisiert hatte.

Tamar wollte, dass die Verhältnisse in der Psychiatrie an die Öffentlichkeit kamen. Und dass Holst nicht still und heimlich in den Strafvollzug überstellt wird. Wegen der Behandlung von Tamar in der Untersuchungshaft bat ich die israelische Botschaft um Hilfe. Der Botschafter schrieb an den Hamburger Justizsenator einen Brief und bat um eine Stellungnahme zu den Haftbedingungen. Die Justizbehörde und der Senator erklärten sich wortreich und entschuldigten sich. Das machte die Sache zwar nicht ungeschehen, veränderte aber die Situation. Jetzt war die Presse nicht mehr nur auf der Seite der Polizei und der Klinikleitung. Auch über die Verhältnisse im Haus 18 wurde nun berichtet. Kritisch wurden die Behandlungsmethoden psychiatrischer Fälle diskutiert. Nicht mehr nur Holst, sondern auch seine Ärzte standen plötzlich unter öffentlicher Beobachtung.

Als die Staatsanwaltschaft merkte, dass ein anderer Wind in der Öffentlichkeit wehte, versuchte man, mich aus dem Verfahren hinauszudrängen. Man bemängelte, dass ich als Anwalt gar nicht vor einem deutschen Gericht zugelassen sei, weil ich zwar in Deutschland promoviert wurde, aber mein Staatsexamen in Israel abgelegt hatte. Es war der wiederholte Versuch, einen Nebenschauplatz zu eröffnen, um meine Legitimation infrage zu stellen. Er scheiterte.

Vor Gericht konnte ich die Anklage, Tamar hätte aus rein egoistischen Motiven einen gefährlichen Gefangenen befreit und damit die Allgemeinheit gefährdet, entkräften. Ich stellte vor Gericht nicht die Tat, sondern die ehrenwerten Motive der Täterin in den Vordergrund. Ich argumentierte, dass meine Mandantin als ausgebildete Psychologin erkannt habe, dass die Klinikleitung ihren Auftrag, den Patienten Holst zu therapieren, nicht erfüllen wollte. Es bestand Selbstmordgefahr bei Holst. Sie habe deshalb aus einem »rechtfertigenden Notstand« zur »Abwendung einer gegenwärtigen Gefahr« gehandelt, die eben nicht anders abzuwenden gewesen sei als durch die Befreiung des Patienten. Ich schloss mein Plädoyer mit folgenden Sätzen: »Hohes Gericht, meine Mandantin hat sich nicht selbst in die Zwangslage gebracht, sondern verantwortlich für die Situation sind allein die in Haus 18 des AKO herrschenden skandalösen Zustände ... Statt meiner Mandantin müsste hier die Klinikleitung auf der Anklagebank sitzen. Die Staatsanwaltschaft hat es aber bisher aus unverständlichen Gründen versäumt, dies in Betracht zu ziehen. Diese Unterlassung darf aber nicht dazu führen, dass meine Mandantin letztlich für etwas verantwortlich gemacht wird, was allein die Klinikleitung des AKO zu verantworten hat.«

Das Urteil gegen Tamar lautete auf zwei Jahre Gefängnis auf Bewährung. Sie konnte das Gericht als freie Frau verlassen.

Holsts Antrag auf Verbleib in der Psychiatrie wurde stattgegeben. Er blieb in Ochsenzoll. Im März 1997 heirateten Tamar S. und Thomas Holst. 2003 klagten sie auf »Vollzug der Ehe«, das heißt, sie wollten sich regelmäßig und unbeobachtet in einem Besucherraum treffen dürfen. Das Landgericht Hamburg wies den Antrag wegen Fluchtgefahr und Gefahr für Leib und Leben von Tamar ab. Tamar konnte ihren Mann alle 14 Tage im Besucherraum des Klinikums Nord für eine halbe Stunde besuchen. Sie waren durch eine Glasscheibe getrennt.

Inzwischen hat Tamar keinen Kontakt mehr zu ihrem Mann und ehemaligen Patienten. Den Grund dafür konnte ich nicht erfahren.

BUENA VISTA MONEY CLUB

Der »Baulöwe« Dr. Utz Jürgen Schneider und seine Freunde in Bonn und Havanna

Frau Segal gehörte zu der Art von Mandanten, die man nicht nur vor Willkür oder Ungerechtigkeit, sondern auch vor sich selbst schützen musste. Ihre Hilfsbereitschaft und Selbstaufgabe für eine Sache überforderten sie gelegentlich selbst. Tamar konnte gar nicht anders, als zu helfen. Und sie fühlte sich niemals als Opfer wie viele andere, die wegen ihrer Taten vor Gericht stehen.

Einem Mandanten ganz anderer Art begegnete ich im nun folgenden Fall. Hier war ich es, der oftmals an seine Grenzen geriet – nicht aus juristischen Gründen, auch nicht aufgrund der Größe der Beschuldigungen oder des Umfangs der Vorwürfe. Selbst als hartgesottener Advokat, zu dem ich im Laufe der Jahre geworden war, konnte ich mir nicht vorstellen, dass ein Mann, der die Welt betrogen hatte, der erwischt wurde und nun im Gefängnis saß, einfach weitermacht wie bisher. Während die eine sich ein Leben ohne Empathie und Solidarität nicht vorstellen konnte, trieb den anderen eine unstillbare Gier an. Sicherlich glaubte er, im Jenseits könne er sich von seiner Beute eine Passage oder ein Palais kaufen.

Schneider gehört zu einer Gruppe von Tätern, die ich die »Unfassbaren« nenne. Unfassbar, weil Vorwürfe an ihnen ab-

perlen wie Regen an einem polierten Auto, unfassbar, weil sie
die Schuld für ihre Niederlagen und Taten immer bei anderen
suchen – und oft finden.

Ich hätte nicht ans Telefon gehen müssen. Als es klingelte, saß ich am Schreibtisch, sah aus dem Fenster unserer Wohnung über die Dächer und Terrassen des Karmel, hinunter ins Wadi und zu den Straßen und Kränen und Schuppen des Hafens in der Bucht von Haifa. In der Ferne verschwammen Himmel und Meer zu einem unendlichen Blau. Es schien endlich mal sicher zu sein im Land, auch wenn von Frieden keine Rede sein konnte. Ein Schwarm grüner Alexandersittiche flog zu dem Baum vor unserem Haus und machte einen Heidenkrach. Lizzi, unsere schwarze Katze, lag wie zu dieser Tageszeit immer auf der Fensterbank und verzog keines ihrer Schnurrhaare, sondern zuckte nur leicht mit den Ohren. Sie wusste, diese Papageien waren keine mögliche Beute. Die Vögel waren für sie zu schnell. Ihre Nester unter den Dachfirsten waren unerreichbar. Deshalb wurden sie von ihr ignoriert.

Wäre man nur so schlau wie die Katzen. Das Telefon lag auf dem kleinen Beistelltisch und klingelte. Ich überlegte einen Moment, ob ich rangehen sollte. Sicher war es ein Mandant. Dabei hatte ich mir vorgenommen, endlich meine Akten zu sortieren und keine neuen Fälle anzunehmen. Es klingelte weiter. Dann nahm ich den Hörer doch auf und meldete mich mit: »Hello?«

»Herr Goldfine? Wie geht es Ihnen?« Ich erkannte die Stimme nicht, dessen Absender so freundlich vertraut tat, als hätten wir uns noch gestern auf ein Bier getroffen. Der Anrufer nannte keinen Namen, wie die Mitmenschen, die so von sich

eingenommen sind, dass sie wie selbstverständlich davon ausgehen, dass man sie schon am Klingelton erkennt. Ich antwortete nicht, denn den betont vertrauten Ton benutzten oft auch
Telefonverkäufer, die unter dem Vorwand anriefen, nachzufra-
gen, ob man denn mit der Leistung ihrer Bank zufrieden sei,
um dann eine Beratung vorzuschlagen und einen todsicheren
Anlagetipp loszuwerden.

Der Anrufer begann nach einer kurzen Pause zu reden. »Sie
erinnern sich vielleicht? 1995, Messeturm Frankfurt? Sie hatten da doch ein Büro, und ich habe Sie damals dort besucht.«
Irgendein Glöckchen läutete leise, es meldete mir, pass auf, der
Mann hat sich nicht verwählt. Ich ließ es bei der Anonymität
und stellte mich auf eine Plauderei über das Wetter und vergan-
gene Zeiten ein. Nein, geregnet hat es hier schon lange nicht
mehr, sagte ich und machte einen Scherz: »Mein Onkel sagte
immer, Israel ist ein tolles Land – zum Wäschetrocknen.« Der
Mann am anderen Ende lachte und fragte beiläufig, ob ich etwas von unserem gemeinsamen Bekannten gehört hätte?

»Wen meinen Sie?«, entgegnete ich.

»Sehr gut, ich hatte vergessen, Sie sind ja alte Schule«, sagte
der Anrufer, ganz so, als hätte er keine Frage gestellt. »Keine
Namen am Telefon. Verstanden. Aber wir haben ja beide mit
ihm noch eine Rechnung offen. Oder?«

»Ja?«, sagte ich zögernd.

Der Anrufer plauderte unbekümmert weiter. »Er hat mich
ja damals nicht nur um meinen Job, sondern auch um meine
Ersparnisse gebracht. Wenn ich richtig informiert bin, hat er
auch Sie nicht bezahlt.«

Langsam wurde ich hellhörig. Was wollte der Mann von
mir?

»Ich glaube, wir beide sind nun alt genug, dass wir die Sache richtig schmutzig zu Ende bringen sollten«, sagte er.

In meinem Schweigen summten lauter Fragezeichen. Was meinte er mit schmutzig?

»Langer Rede kurzer Sinn, ich kann Ihnen sagen, dass, nennen wir ihn Taylor, noch Geld hat.« Er machte eine Pause. »Viel Geld. Und ich weiß, wie viel und wo. Man muss es nur abholen.«

Offenbar meinte er mit »man« mich. Vor meinem Auge tauchte unser gemeinsamer Bekannter auf: ein Mann mit Glatze, in blauer Gefängniskleidung und mit halber Brille, die auf der Spitze seiner Nase saß. Ort: Detention Center, Fort Lauderdale, Florida. Zeit: August 1995. Er sah mich über die Brille an und sagte so etwas wie: »Glauben Sie mir, Herr Dr. Goldfine, die Banken haben mir alles genommen. Helfen Sie mir.«

Ich sagte zum Anrufer: »Und was soll ich mit der Information? Soll ich Sie vertreten, erteilen Sie mir ein Mandat, soll ich den Staatsanwalt informieren? Sie wissen, ich war sein Anwalt. Die Sache ist fast zwanzig Jahre her.«

»Denken Sie nur an die Zinsen, die inzwischen aufgelaufen sind.« Der Anrufer lachte dabei und sagte:»Nein, nein. Ich möchte nur, dass Sie es wissen. Was Sie mit der Information machen, ist mir egal. Sie haben die folgende Information im Zweifelsfall auch nicht von mir. Wenn Sie jemand fragt, sagen Sie, Sie hätten es geträumt.«

Ich sah zu den Vögeln und stellte mir vor, dass ich bei einer Vernehmung auf die Frage, wer der Anrufer gewesen sei, sagen würde, er hatte grüne Federn auf dem Kopf und einen gelben Schnabel. Die Stimme sagte: »Ich nenne Ihnen jetzt eine Adresse und eine Kontonummer. Haben Sie etwas zu schreiben?«

Spätestens jetzt hätte ich auflegen sollen, um dann wie unsere Katze weiter ganz in Ruhe den Papageien zuzusehen. Das wäre vernünftig gewesen. Aber was ist schon vernünftig? Ich ging zum Sideboard, nahm einen Stift, fand auf die Schnelle keinen Zettel. Also nahm ich eine Zeitung, die meine Frau auf dem Tisch liegen gelassen hatte.

Der Anrufer sagte mir den Namen der Bank, den Ort, eine Kontonummer.

Mein Stift stockte: »Meinen Sie das im Ernst?«

»Soll ich es buchstabieren? H-A-V-A-N-N-A, K-U-B-A.« Dem Anrufer gefiel meine Sprachlosigkeit.

Dann nannte er eine Zahl: »Vier-Null-Null.« Er meinte wohl, ich sei nicht so schnell von Begriff.

Ich fragte nach. »Tausend?«

»Ich bitte Sie. Schreiben Sie drei Nullen mehr. Es sind ganz viele Erdnüsse.« Er lachte wieder. Ich ließ beim Notieren die sechs Nullen weg.

Es war so, als hätte mir jemand so ganz beiläufig die Formel »Sesam, öffne dich« zum Schatz des Ali Baba zugeflüstert. War es ein Djinni? War der böse Geist aus der Flasche entwichen und trieb nun mit mir seine Scherze? Um sicherzugehen, wiederholte ich die Daten. Einen Moment überlegte ich, vielleicht war es auch ein Anruf der Sendung »Verstehen Sie Spaß?«. Aber die gab es in Israel nicht. Ich fragte: »Warum sagen Sie das ausgerechnet mir?«

»Ich bin mir sicher, Sie wissen, was zu tun ist. Ich vertraue Ihnen. Es ist mir egal, was Sie mit der Information machen«, sagte der Anrufer. Es klang so, als hätte er ein diebisches Vergnügen dabei, mich in Versuchung zu bringen.

Mir fiel nichts Besseres ein, als mich förmlich für die Nachricht zu bedanken, und ich fragte: »Und wo kann ich Sie erreichen?«

»Gar nicht. Ich wünsche Ihnen gutes Gelingen und bon voyage«, sagte er und legte auf. Ich blickte auf das Display, das für gewöhnlich die Nummer und den Namen des Anrufers anzeigte. Da stand: »Anonym«.

Die Papageien im Baum diskutierten die Lage, die Katze auf der Fensterbank tarnte ihren Frust mit Gelassenheit und döste weiter vor sich hin, und ich überlegte, was ich mit dieser Information anfangen sollte. Die Notiz auf dem Zeitungsrand war entweder ein Hit oder ein Scherz. Sie war so etwas wie ein alter rostiger Schlüssel, wie man sie im Souk von Jerusalem beim Trödler kaufen kann. Ein perfekter Schlüssel, zu dem es aber weder ein Schloss noch eine Tür gab. Mach es wie die Katze, dachte ich mir, lass die Vögel fliegen, das Frauchen füllt schon den Fressnapf. Vergiss es. Ich sah hinaus, die Papageien wechselten den Baum.

Aber die Sache ließ mir keine Ruhe, sie juckte mich wie ein Moskitostich. Und ich hatte, wenn die Information richtig war, nicht nur den Schlüssel, sondern auch die Adresse der Tür. Wenn es stimmte, was der Anrufer behauptete, hatte Schneider nicht nur den größten Betrug in der Geschichte der Bundesrepublik inszeniert, für den er von der 29. Strafkammer des Frankfurter Landgerichts verurteilt worden war, sondern er hatte anschließend auch noch das Gericht, die Banken, seine Gläubiger und nicht zuletzt seine Verteidiger, also auch mich, hereingelegt. Aber das war zunächst nicht mehr als die Behauptung eines Fremden, ein Verdacht. Irgendwie konnte ich mir das bei diesem Mandanten zwar vorstellen, denn ich hatte ja lange genug mit ihm zu tun gehabt. Und wenn ich ein wenig abergläubisch wäre, hätte mir schon der Name des Mannes eine Warnung sein können. Dr. Utz Jürgen Schneider. Utz, das bedeutete im Jiddischen: jemanden verspotten oder in die Irre führen. Der Name entsprach ihm.

Andererseits hatte man ihn jahrelang observiert, sind ihm bis heute Steuer- und Personenfahnder auf der Spur. Es konnte eigentlich nicht sein, dass da noch etwas war. Vor allem nicht so viel. Wenn der Informant die Wahrheit sagte, war es eine

Sensation. Falls nicht, würde ich mich bis auf die Knochen blamieren, wenn ich damit zum Gericht oder an die Öffentlichkeit gehen würde. Was also tun?

Die beiden Männer, die vor mir im Café saßen, waren trotz der sommerlichen Hitze korrekt gekleidet. Sie trugen helle Anzüge, der eine grau, der andere beige, passende Krawatten, nur die schwarzen Schuhe erschienen für hiesige Verhältnisse etwas klobig und für schlechte Wege gemacht. Sie waren so freundlich, ihre Sonnenbrillen vor sich auf den Tisch zu legen. Sie hatten sich nicht vorgestellt und nannten auch keine Namen. Es war, als würden wir über Gott oder Allah sprechen, jedenfalls über ein Wesen, das so bekannt war, dass man seinen Namen nicht zu erwähnen brauchte. Um welche Angelegenheit es ging, hatten sie nicht gesagt, als sie um einen Termin gebeten hatten. Sie kämen extra aus Berlin, und ihre Angelegenheit sei mit einem kurzen Termin zu besprechen.

Ich bestellte sie ins Café, das um die Ecke von meiner Kanzlei lag. Ein öffentlicher Raum ist immer gut, wenn man sein Gegenüber nicht kennt. Ich hatte meiner Frau gesagt, wo ich zu finden sein und wie lange ich wegbleiben würde. Die Herren waren pünktlich, erkundigten sich nach dem Wetter und den Sehenswürdigkeiten. Ich wartete ab, was sie von mir wollten. Ich war freundlich, empfahl Hummus und Tee, sie folgten meiner Empfehlung.

Ich sah sie erstaunt an, als sie davon sprachen, dass ich in der Lage sei, jemanden umzubringen. »Wie kommen Sie darauf?«, fragte ich. »Und wen?«

Die beiden Männer lächelten so, als wollten sie mir sagen: Lassen wir die Spielchen. »Es geht das Gerücht, dass Sie Dinge wissen, die Ihnen anvertraut wurden, und Sie jetzt überlegen, ob Sie diese Informationen mit anderen teilen wollen.«

Ich sagte, sie müssten schon etwas konkreter werden.

»Sie wissen doch, was er für unser Land getan hat. Wir appellieren an Ihre patriotische Pflicht. Es ist doch auch Ihr Land, auch wenn Sie Israeli sind, Sie haben den deutschen Pass, soviel wir wissen. Er« – sie gingen davon aus, dass ich wusste, wen sie meinten – »hat viel für unsere Völker getan. Ohne ihn wäre die Wiedervereinigung nicht gelungen. Und jetzt ist er alt und krank, und Sie haben es in der Hand, dass er seine letzten Tage in Ruhe zu Ende bringen und sein Geheimnis mit ins Grab nehmen kann.«

»Ach ja?«, sagte ich, »und was ist mit der Wahrheit?« Die beiden Herren fanden das komisch.

»Wir möchten Ihnen Schwierigkeiten ersparen«, sagte der Mann im grauen Anzug. »Sie wissen doch, wie kompliziert das Urheberrecht ist. Auch wenn man etwas gesagt hat, kann man es noch lange nicht verwenden. Als Anwalt müsste Ihnen das vertraut sein.«

»Drohen Sie mir?«

»Wie kommen Sie darauf? Es ist nur ein guter Rat. Wie Sie vielleicht wissen, gab es vor kurzer Zeit einen Prozess, weil Dinge gedruckt wurden, die zwar gesagt, aber nicht autorisiert wurden.«

»Ich habe nie mit ihm gesprochen«, sagte ich.

Der Ältere von beiden zog einen 50-Schekelschein aus der Hosentasche, warf ihn auf den Tisch und setzte seine Sonnenbrille auf. »War nett, mit Ihnen geplaudert zu haben.«

Auch der Mann im beigen Anzug stand auf und sagte: »Wir waren übrigens nie hier, und Sie haben recht.« – »Womit?« – »Der Hummus ist köstlich.«

Manchmal kommt es mir vor, ich würde tagsüber träumen.

Dann sehe ich Männer mit Sonnenbrillen, die mich warnen. Komisch, dass sich später niemand daran erinnern kann. Ich realisierte, dass ich tatsächlich den Schlüssel zu einem der großen politischen Geheimnisse der Bonner Republik in der Hand hatte.

Der Bauunternehmer und Investor Dr. Utz Jürgen Schneider war Ende der 1980er-Jahre und besonders nach der Wende zu einem der größten Immobilienentwickler und Bauunternehmer der Bundesrepublik aufgestiegen und dann als Betrüger entlarvt worden. Er kaufte Immobilien in bester Lage wie andere Leute Gemälde, renovierte und entwickelte die Bauten und »managte« sie zu höchsten Preisen. Politik und Presse feierten ihn als »Baulöwen«, er selbst sah sich als Vermögensverwalter. Er finanzierte seine Projekte mit dem Geld von über 50 Banken, die ihm meist bereitwillig und oft ohne ernsthafte Prüfung Kredite gewährten, die weit oberhalb des realen Werts der Objekte lagen. Gutgläubige und wohl mit Provisionen und Rückvergütungen reichlich versorgte Banker winkten seine Kreditanfragen durch, sodass er und seine Frau in seinem Firmenimperium insgesamt über 5,5 Milliarden DM Kredit verfügten und letztlich die Zinsen verdienen mussten. Der Wert und die Mieteinnahmen der Gebäude standen schon bald nicht mehr im rechten Verhältnis zu den enorm hohen Finanzierungskosten, denn Schneider hatte Einnahmen und Grundstücksflächen fantasievoll manipuliert. Spätestens 1993 war ein Konkurs seines Imperiums absehbar, die Verluste häuften sich in dreistelliger Millionenhöhe. Auf dem Festgeldkonto summierten sich andererseits die gehorteten liquiden Mittel auf über 580 Millionen. Der Unternehmer Schneider realisierte dies und bereitete seinen Ausstieg vor.

Zuerst brachte er Hunderte Millionen DM und dann im April 1994 sich und seine Frau mithilfe teurer Freunde in Florida in Sicherheit. Nach knapp einem Jahr verhaftete man ihn in Miami ausgerechnet vor einer Bank und beschlagnahmte umgerechnet 245 Millionen DM in Genf. Er kam vor Gericht und wurde wegen Betrugs verurteilt. So weit ist die Geschichte allgemein bekannt.

Heute lebt Dr. Utz Jürgen Schneider als Pensionär und Unternehmensberater in einem schönen Ort am Rhein in prominenter Lage. Das Namensschild an seiner Haustürklingel hat er überklebt. Wenn man an der Tür klingelt, öffnet er vielleicht sogar selbst, ein älterer Herr in Strickjacke, der kein Toupet mehr trägt, aber immer noch über seine auf die Nase geschobene Brille blickt.

Die *FAZ* nannte den Immobilienmogul einmal »den beliebtesten Betrüger Deutschlands«, weil er als »kleiner« Betrüger die großen Banken hereingelegt hatte, was bei Nichtbetroffenen für Schadenfreude sorgte. Schneider gibt auch heute noch gern den *Chuzpenik*. Im Jiddischen bezeichnet man so einen Mann, der Vater und Mutter erschlägt und dann um mildernde Umstände bittet, weil er ja Vollwaise ist. Schneider ist in diesem Sinne einer, der die ganze Welt betrogen hat und sich darüber beschwert, dass es keine ehrlichen Menschen mehr gibt. Jedenfalls hat er in seinen Memoiren ein solches Bild von sich gezeichnet.

Über den »Fall Schneider« wurden Bücher und Theaterstücke geschrieben, Filme gedreht, der *Focus* zahlte einen Riesenbetrag für ein Interview mit Dr. Schneider an einen Münchener Anwalt, und *Der Spiegel* dokumentierte die Affäre in einer dreiteiligen Serie.

Dr. Utz Jürgen Schneider ist nach eigenen Angaben geläutert, ohne Vermögen und angewiesen auf Zuwendungen seiner Frau und guter Freunde. Gelegentlich gab er jungen Unternehmern Tipps – und geriet prompt wieder in die Schlagzeilen, weil er windige Finanzierungen anbot. Der Bauunternehmer und verurteilte Betrüger pflegt sein Image als Biedermann, hat in seinen Memoiren »Bekenntnisse eines Baulöwen« seine Betrügereien als kleine Streiche gefeiert und möchte sonst in Ruhe gelassen und nicht mehr an die »schlimmsten Zeiten seines Lebens« erinnert werden.

Der Mann hat einen Grund, sich rar zu machen. Denn er hat offenbar immer noch etwas zu verbergen. Etwas mit sehr vielen Stellen vor dem Komma.

Schneider wurde in einem großen Prozess von einem kundigen Richter, der die Mitschuld der Banken an diesen Geschäften sehr wohl erkannte, wegen Betrugs zu sechs Jahren und neun Monaten Gefängnis verurteilt. Zwei Jahre wurden für die elf Monate in US-Abschiebehaft angerechnet. Vom Rest verbrachte er zwei Drittel – inklusive längerer Krankenhausaufenthalte – in der JVA Preungesheim.

Er hat nach seiner Haft mehrere Bücher geschrieben, beriet danach andere Unternehmer – war wieder in kleinere Betrügereien verwickelt und wurde wegen sechs Betrugsfällen angeklagt. Auf die Anklagebank musste er jedoch nicht wieder, wie die *FAZ* am 1.1.2015 berichtete: »Das Bonner Landgericht hat das Betrugsverfahren gegen den heute 81-Jährigen wegen Verhandlungsunfähigkeit eingestellt, sagte ein Gerichtssprecher … Mehrere Gutachten seien zu dem Ergebnis gekommen, dass der einstige Bauunternehmer an verschiedenen Erkrankungen leide und einen Prozess nicht durchstehen könne. Eine Besserung sei nicht zu erwarten.«

Von dem riesigen Geld- und Immobilienvermögen ist ihm außer Schulden nichts geblieben. Sagt er. Er hat Chuzpe, denn seine Version ist, wie ich es sehe, nicht einmal die halbe Wahrheit. Der andere Teil meiner Indizienkette und die Fortsetzung der Geschichte, wie sie sich möglicherweise zugetragen hat, folgen hier.

Wenn zwei alte Juden zusammenhocken, ist die Luft voller Geschichten und Witze, sie stecken im Brot und im Wein, in den Falten der Kleider und den Locken der Männer. Eine solcher Geschichten geht so: Josele soll Geld aus der Kasse der Synagoge geklaut haben. Wenigstens erzählt Moishe das überall herum. Josele hört, was über ihn geredet wird, und beschwert sich beim Rabbi wegen der üblen Nachrede. Der Rabbi ruft Moishe zu sich und sagt: »Moishe, hast du einen Beweis, dass der Josele hat genommen Geld aus der Kasse von der Synagoge?« Moishe druckst herum und sagt. »Woher soll er haben sonst das Geld, wo der doch sonst nur liegt auf die faule Haut?« Der Rabbi sagt: »Moishe, dann kannst du das nicht sagen. Du wirst am Schabbat vor der Gemeinde sagen: Josele hat kein Geld von der Kasse der Synagoge gestohlen.« Moishe überlegt und ist schließlich einverstanden. Beim Gottesdienst kommt der Moment der Wahrheit, und der Rabbi fordert Moishe auf, vor der Gemeinde zu sprechen. Moishe steht auf, tritt vor die Gemeinde und sagt den vom Rabbi vorgegebenen Satz – aber als Frage: »Josele hat kein Geld von der Kasse der Synagoge gestohlen?«

Es kommt eben manchmal auf die Betonung an. Ich erinnerte mich daran, dass Herr Schneider mich einmal im Gefängnis ganz unvermittelt gefragt hatte, ob es ihm eigentlich im Auslieferungsverfahren nützen würde, wenn er zum Judentum übertreten würde. Er hatte nämlich gehört, dass der Bürgermeister, der Staatsanwalt und auch der Gefängnisdirektor in Miami Juden waren. Ich sagte ihm damals, das sei keine gute Idee und außerdem nicht einfach. Er erwiderte knapp: »Okay, dann eben nicht.«

Ich hatte tatsächlich noch Honorar vom Doktor zu bekommen. Schneider hatte mich damals monatelang beschäftigt, mir Geld für die laufenden Kosten gegeben, mich aber letztlich nicht bezahlt. Dabei hatten wir einen Vertrag. Schneider behauptete, er habe kein Geld und würde mich später reichlich belohnen.

Die inhaftierten Eheleute Schneider wollten unbedingt einen Vertrag mit mir, damit ich sie im Gefängnis nicht allein lasse, und machten einen Vorschlag. Sie schrieben am 19. Oktober 1995 eine Vereinbarung per Hand auf Gefängnispapier, nachdem ich bereits fünf Monate für sie tätig war – und sie inzwischen andere Anwalte engagiert und entlassen hatten. Schneider behauptete später, das wäre unter Druck geschehen. In seinen Memoiren (»Bekenntnisse eines Baulöwen«, S. 218) schrieb er: »Eines Tages rückte Goldfine mit einem Vertrag heraus, der ein Erfolgshonorar vorsah: Zehn Prozent allen Vermögens inklusive zu erwartender Erbschaften sollten wir ihm bei Freilassung überschreiben. Das konnten wir nicht akzeptieren. Claudia war empört. Schließlich unterzeichneten wir beide dann doch in der Überzeugung, dass ich den Vertrag hinterher wegen Sittenwidrigkeit für null und nichtig erklären lassen könnte, falls er je zur Anwendung kommen sollte.«

Ich bezweifle, dass er jemals die Absicht hatte, mich zu bezahlen.

Sich selbst zum Opfer machen und andere als gierig darstellen, das gehörte zu Schneiders Methode, von sich abzulenken. Ich hatte ihn weder gezwungen noch genötigt, der Vertrag wurde handschriftlich verfasst und mit Zusätzen versehen. Sittenwidrig war der Vertrag nicht, denn in den USA und vielen Ländern der Welt – außer in Deutschland – sind Erfolgsbeteiligungen für Anwälte die Regel. Nun waren damals zehn Prozent von nichts gar nichts und so etwas wie für meine Katze die Papageien in der Palme gegenüber. Mir ist es damit nicht anders ergangen als all seinen Vertrauten. Solange es sich um das Geld anderer Leute handelte, war Schneider immer großzügig. Er verteilte gern, was er kurz zuvor erbeutet hatte, und machte so seine Mithelfer zu Komplizen oder gab ihnen das Gefühl, ihm etwas schuldig zu sein. Selbst in seinen Briefen, mit denen er seinen Mitarbeitern seine Flucht zu erklären versuchte, versicherte er, dass er die persönlich gegebenen Zusagen »in geeigneter Weise« einhalten werde, und bat um Vertrauen.

Nun sollte sich aber nach fast zwanzig Jahren der handschriftliche Vertrag vielleicht doch noch als Wertpapier herausstellen. Denn zumindest hatte ich mit diesem Dokument etwas in der Hand, was mich in die Lage versetzte, einen Anspruch auf Auskunft über das aktuelle Vermögen des Mandanten zu erlangen.

Zunächst dachte ich mir, ich schreibe an Schneider und bringe mich in Erinnerung. Man soll den Menschen immer eine Chance geben. Also schrieb ich ihm eine E-Mail: »Sehr geehrter Herr Schneider, aus Haifa möchte ich Ihnen meine besten Wünsche für Sie und Ihre Familie anlässlich des Osterfestes übersenden.« Am Ende bat ich ihn um einen Termin für ein Gespräch.

Er antwortete postwendend. In einer Mail (vom 25.04.2014) bedankte er sich für die Grüße und teilte mit, dass es ihm etwas besser gehe. Da ich einige Jahre nicht mit ihm gesprochen hatte, wusste ich nicht, was er mit »besser« meinte. Besser als wann? Möglicherweise meinte er die Gefängniszeit in Miami vor zwanzig Jahren und die besonderen Umstände seiner damaligen anwaltlichen Begleitung. Aber inzwischen habe er das alles abgehakt. Und dann schrieb er noch, er könne mit dem von mir angedeuteten Vorhaben sowieso nichts anfangen.

Angedeutet hatte ich in der Mail gar nichts, aber mein ehemaliger Mandant wusste natürlich, worum es ging – seine Schulden. Auch ein Anruf einige Tage später blieb freundlich, aber unverbindlich. Er war ganz sicher der Meinung, dass ich, der zwanzig Jahre die Füße stillgehalten hatte, nun nicht nach seinem Schatz graben würde. Ich sagte ihm auch nicht, was ich vorhatte, denn wie heißt es so schön: Man soll keine schlafenden Hunde wecken. Mich hatte der Djin gepackt, und ich reichte beim Gericht in Tel Aviv eine Klage ein, die den Anspruch auf Vergütung durch Dr. Schneider bestätigt. Ihr wurde stattgegeben, und damit hatte ich ein deklaratorisches Urteil in der Hand, das meine Ansprüche bestätigte und Recherchen auch bei der vom Unbekannten genannten Adresse ermöglichte. Theoretisch.

Im Mai 1995 war ich in Jerusalem in einer rechtlich und politisch heiklen Mission unterwegs. Eine ehemals in Israel lebende Familie arabischer Christen hatte mich beauftragt, beschlagnahmte Grundstücke, die auf vom israelischen Militär besetztem Gebiet lagen, zurückzufordern und zu verkaufen. Ich war gerade dabei, mich in den Fall einzudenken, Leute zu treffen, mir die besagten Immobilien anzusehen, als ein Anruf aus Miami kam.

Roma Theus, ein Anwalt der Kanzlei »Holland and Knight« aus Fort Lauderdale in Miami, war vom Gericht beauftragt, Dr. Schneider und seine Frau im Auslieferungsverfahren zu vertreten, und suchte einen Anwalt, der die Interessen des Ehepaars in Deutschland wahrnehmen konnte. Dr. Utz Jürgen Schneider und seine Frau Claudia waren am 18. Mai in Miami von Zielfahndern des Bundeskriminalamts entdeckt und vom FBI in Amtshilfe kurioserweise vor einer Bank verhaftet worden. Der Haftbefehl lautete auf Betrug in besonders schweren Fällen. Die Schneiders waren bereits elf Monate untergetaucht, und man suchte überall auf der Welt nach ihnen. Man vermutete sie in Teheran, auf Mallorca oder in Paraguay. Die Fahnder hatten sich schließlich an die Fersen von Luigi Poletti geheftet, der so etwas wie Bote, Betreuer und Aufpasser der Flüchtigen war. Er hatte sie mit Geld versorgt, Nachrichten transportiert und war die Verbindung zu dem überaus dubiosen Dr. Moss, einem Ägypter mit dem Geburtsnamen Mustafa El-Kastaui[3] aus Genf, der sich allerbester Kontakte sowohl in die politische High-Society wie auch in die Unterwelt rühmte. Dr. Moss verwaltete die Fluchtkasse der Schneiders, gab Luigi Geld, wovon dieser Flugtickest und die Dinge des täglichen Lebens kaufte und die Miete für die Appartements in Florida bezahlte. Schneider vermutete allerdings später, dass die deutsche Polizei schon länger wusste, wo er sich aufhielt, und sie ihn erst verhaftete, als er sich per Tonband über die ZDF-Sendung

---

3   Mustafa El-Kastaui, alias Dr. M. K. Moss, geb. am 26.8.1940 in Damanhour, gest. am 19.4.2005 in Genolier, Schweiz.

»Frontal 21« an die Öffentlichkeit gewandt hatte. Man wollte ihn zum Schweigen bringen, so seine Behauptung. Ob ihn seine Komplizen ans Messer lieferten oder wer den Tipp gab, wird wohl das Geheimnis der BKA-Fahnder bleiben.

Schneider hatte Theus und seinem Sohn Nico sofort nach seiner Verhaftung den Auftrag erteilt, in Deutschland einen Anwalt zu suchen, der sie sowohl bei dem Auslieferungsverfahren wie auch im Strafverfahren in Deutschland vertreten konnte. Er hatte panische Angst, unvorbereitet und ohne entscheidende Dinge geregelt zu haben, in deutsche Untersuchungshaft zu kommen. Herr Schneider entschied sich – angeblich gegen den Rat seines Sohnes Nico – für mich, obwohl wohl alle Strafverteidiger Deutschlands – wie Roma Theus mir sagte – sich um das Mandat reißen würden.

Ich saß im Restaurant von Abu al-Shukri in der Altstadt von Jerusalem, trank nach dem Essen einen Mokka mit Kardamom, naschte vom allgegenwärtigen Hummus und nahm die Gerüche, Genüsse und Gefahren dieser geistigen Metropole der Welt in mich auf. Es war irgendwie meine Stadt, hier hatte ich studiert, um diese Stadt hatte ich gekämpft. Die Aussicht, einige Wochen oder Monate in neonbeleuchteten Besprechungszimmern, klimatisierten Hotelzimmern bei Dosenbier und Fast Food mit schlecht gelaunten Wächtern und nervösen Mandanten zu verbringen, reizte mich nicht besonders.

Ich lebte zu der Zeit in der Nähe von Hamburg und überlegte wiederholt, ob ich mit meiner Familie nicht doch wieder nach Israel, in das Land meiner Herkunft übersiedeln sollte; das Wetter war einfach besser. Letztlich ist das Wetter in Florida aber auch nicht schlecht, redete ich mir die Sache mit Schneider schön. Und die Aussicht, Anwalt in einem Milliardenbetrugsverfahren zu sein, ist so ähnlich, als würde einem Schauspieler die Hauptrolle in einem Hollywoodfilm angeboten. Es war ein Angebot, das ich schlecht ausschlagen konnte. Dass es vom Bau-Paten persönlich kam, ahnte ich nicht wirklich. Und Roma Theus lobte mich, sagte, wie toll ich den Fall Rust gelöst hätte, dass der Fall Schneider schwierig sei und einen international erfahrenen Strafverteidiger wie mich benötige. Ein Grund, warum man auf mich gekommen war, war wohl auch, dass ich bereits in den USA wie in Deutschland Fälle betreut hatte, Deutsch und Englisch beherrschte. Mein zukünftiger Mandant konnte kein Englisch, und die Verständigung selbst mit seinem Anwalt, geschweige denn mit dem Richter in Miami, gestaltete sich schwierig. Das Gericht protokollierte dann auch, dass dem Verhafteten seine Rechte wohl vorgelesen worden seien, er aber zu verstehen gegeben habe, dass er nicht verstanden hatte, was er anschließend unterschrieb. Außerdem drängte die Zeit, denn der Distriktsrichter hatte dem Anwalt bis zur nächsten Anhörung am 1. Juni, 14 Uhr, Zeit gegeben, einen deutschen Anwalt zu präsentieren.

Der Kellner fragte, ob ich noch ein Dessert, vielleicht Halva, möchte. Nein danke, sagte ich, denn der Honig, den mir der Anwalt aus Miami um das Kinn geschmiert hatte, reichte mir. Ich sagte zu, mir die Sache zu überlegen.

Als ich am Abend meinen Freund Micha traf und ihm erzählte, um welche Summen es bei dem Fall ging, sah er mich an.

»Das ist gefährlich«, sagte er.

»Warum?«, fragte ich, »es ist eine Wirtschaftssache von Leuten in feinen Anzügen. Da gibt es keine Toten.«

Micha antwortete: »Bei den Summen ist der Mob nicht weit. Aber wie du meinst. Ich bitte dich nur, einige Vorsichtsmaßnahmen einzuhalten.«

»Eine Sonnenbrille habe ich. Mich erkennt niemand«, sagte ich.

Micha lächelte, wie in solchen Fällen immer, nämlich ziemlich eisig. »Du kaufst deine Flugtickets am Schalter im Flughafen und zahlst bar. Du buchst kein Hotel, sondern entscheidest dich erst vor Ort. Du telefonierst bei wichtigen Dingen mit einem Prepaidhandy. Du wechselst die Taxis. Du zahlst im Hotel im Voraus. Und machst keine Zufallsbekanntschaften.«

»Warum?«, fragte ich.

»Ist besser«, erwiderte Micha. Vielleicht sollte ich erwähnen, dass Micha Privatdetektiv und Personenschützer ist. Er verdient sein Geld damit, den Leuten Sicherheit zu bieten. Das ist in Israel ein durchaus lohnendes Geschäftsmodell. Bevor er sich selbstständig machte, war er wie alle Sicherheitsleute bei der Armee. Er war sich dort für keinen Job zu schade. Er hatte als »Seal« im Sechstagekrieg gedient und sich unter Wasser nicht nur die untergegangene Bibliothek von Alexandria angesehen. Später war er Undercover-Agent und Detektiv der Polizei in Tel Aviv, dann Ausbilder beim FBI. Jetzt arbeitete er als Bodyguard.

»Wenn ich Probleme bekomme, melde ich mich«, sagte ich ihm. In heiklen Fällen vertraute ich mich ihm immer an. Mit ihm hinter oder neben mir konnte ich ganz meinen Gedanken nachgehen, er regelte den Rest und hielt mir den Rücken frei.

»No problem«, sagte er. Ich glaubte nicht, dass ich ihn brauchen würde. Aber dann wurde er sehr nützlich.

Ich machte, was ich in Jerusalem noch tun musste, kehrte nach Hamburg zurück und versuchte, jede greifbare Information über den Fall zu bekommen. Das Bild, das von den Schneiders in der Öffentlichkeit gezeigt wurde, war erbärmlich. Es entsprach so ungefähr dem Foto, das die örtliche Polizei von den Inhaftierten veröffentlicht hatte. Ein älterer verschwitzter Mann mit Halbglatze, der zu lange ohne Schutz in der Sonne gesessen hatte. Das Foto seiner Frau war nicht vorteilhafter. Sie trug ein T-Shirt, kam nicht vom Friseur, sondern wurde vom Esstisch weg verhaftet. Etwas hilflos wirkten sie, ganz im Gegensatz zu den bebilderten Artikeln über die Herren der Deutschen Bank, die in ihren tadellosen Anzügen auch bessere Fotografen beschäftigten als die State Police von Miami. Schneider schien das zunächst nicht zu stören, hatte er doch in seinem Tonband, das er dem *ZDF* zugespielt hatte, in der Rolle der verfolgten Unschuld sehr überzeugend gewirkt. Er hatte auch die Legende verbreitet, dass er nach Miami gegangen war, um seiner angegriffenen Gesundheit eine Chance zu geben. Man bekam jedoch schnell heraus, dass sein Partner El-Kastaui ein Appartement in Miami besaß, ein Schulfreund von Schneider dort wohnte und dass sich der Halbbruder von Frau Claudia schon vor Monaten dort nach einer Bleibe umgesehen hatte. »Zufällig« machten dort auch gerade die Schneider-Kinder Urlaub, obwohl sie doch gar keine Ahnung hatten, wo ihre Eltern waren. Ansonsten beherrschten Berichte über das angebliche Luxusleben der Flüchtigen die Seiten der Zeitungen.

Die Besprechungszimmer im Detention Center in Miami sahen aus wie die Wartezimmer einer billigen Zahnarztpraxis ohne Gardinen. Man durfte nichts mit hineinnehmen, Getränke und Snacks gab es im Automaten, und bevor man auf seinen Mandanten traf, musste man diverse Schleusen passieren. Die Gefangenen wiederum hatten sich vor und nach dem Besuch komplett auszuziehen, es wurde von den robusten Wärtern in jede Kleider- und Hautfalte geguckt. Aber küssen durften die Besucher die Gefangenen, jedenfalls stand das in der Besucherverordnung.

Der Gefangene, der in diesem Etablissement »Jurgen« genannt wurde, war froh, mich zu sehen. Der Baulöwe hatte eine lichte Mähne, trug Anstaltskleidung und trat mir gegenüber, als würde er mich in einer seiner Immobilien begrüßen. Er machte auf mich nicht den Eindruck eines Sünders, sondern den eines zufriedenen Mannes. Man hatte ihn zwar eingesperrt, sein Leben war nicht komfortabel, er trug Gefängniskleidung, aber er war da, wo er sich selbst stets sah, in der Mitte des Geschehens und der Aufmerksamkeit. Es gibt im Orient einen Spruch, der lautet: »Hüte dich vor dem, der sagt, er habe keinen Hunger.« Denn obwohl Schneider immer abstritt, dass er in die Öffentlichkeit strebte, war er eitel und achtete sehr darauf, welches Bild von ihm in den Medien erschien. Es war eine gespielte Bescheidenheit, und auch die Fama, dass er alles gemeinsam mit seiner Frau machte, war so weit richtig, dass sie alles mit unterschrieb. Der Grund war einfach: Claudia Schneider-Granzow hatte das Startkapital des Unternehmens in die Ehe eingebracht, gehorchte und haftete nun.

Wir kamen schnell zur Sache, denn auch wenn er versuchte, als souveräner Herr des Verfahrens zu erscheinen, war er doch bemerkenswert nervös, denn im Gefängnis war er all seiner Handwerkszeuge und Zuarbeiter beraubt. Ich sollte ihm nun in den folgenden Wochen und Monaten all das ersetzen. Er wollte von mir, dass ich ihm Geld, Besitz, Reputation und Freiheit zurückverschaffe. Seine beiden anderen Helfer, der iranische Teppichhändler und Mathematiker Mehmet Djawardi und der – ich nenne ihn mal Impresario der internationalen Geldwäsche und des Waffenhandels – ehrenwerte Dr. Moss, verloren so schnell das Interesse an ihrer Geldkuh wie ein Milchbauer an einem Trockensteher.

Mir wurde relativ schnell klar, dass dieses Verfahren zu einem großen Teil auch in der Öffentlichkeit entschieden werden würde. Ich las die Akten, die Vorwürfe, alles, was ich greifen konnte, und legte meinen Mandanten einen Plan vor. Der lautete ganz schlicht und setzte auf ein mehrteiliges Vorgehen. *Erstens:* Schneider wollte so lange in den USA bleiben, bis die Verteidigung stand. Dazu brauchte man einen erfahrenen Anwalt in den USA, der die Auslieferung so lange wie nötig verhinderte. *Zweitens:* Ein Team von Strafverteidigern in Deutschland musste sich auf den Prozess vorbereiten. *Drittens:* Aufgrund der Verstrickung der Deutschen Bank erschien es zu dem Zeitpunkt denkbar, sich mit deren Führung außergerichtlich zu einigen. Wenn man genügend Material über die Mitverantwortung der Banken beibringen könnte, wären die Banker vielleicht bereit, sich außergerichtlich zu vergleichen. Wenn nicht, würde man *viertens* versuchen, die Verantwortlichen im Vorstand, das heißt zum Beispiel Hilmar Kopper und Dr. Weiss, persönlich in den Fall zu ziehen, denn *fünftens:* Nichts fürchteten Banker und Politiker so sehr wie schlechte Presse.

Schneider selbst sprach davon, dass er in der Vergangenheit Banker bestochen und etlichen Politikern, besonders in der Regierung, »geholfen« habe, weshalb er damit rechne, dass ihm das in zumindest verbaler Unterstützung zurückgezahlt werden würde. Er erzählte stolz, wie er mit dem Bundeskanzler Kohl eine halbe Stunde in der Zeilgalerie gesprochen hatte. Nicht nur als alte Korpsstudenten, sagte Schneider, nein, konkret über den Aufbau Ost und wie schwer es seine Partei dort hat.

Ein kämpfender Mandant war mir einerseits sehr recht, andererseits war es etwas unheimlich, wie sehr er mir nach wenigen Besuchen den Eindruck vermittelte, auf mich und nur auf mich allein käme es jetzt an. Ich quartierte mich im Hotel ein, und die Rezeption war schon bald mein zweites Büro. Faxe, Telefonanrufe und vor allem Journalisten ließen mir kaum Ruhe. Ein Telefonanruf unbekannter Herkunft war etwas merkwürdig. Da sagte jemand am Telefon: »Wenn du weiter den Schneider vertrittst, verlässt du die USA nicht lebend.« Ich erinnerte mich an die Warnung von Micha und hatte gar keinen Kopf, mich darum zu kümmern, ob hinter mir jemand die Klingen wetzte. Also rief ich meinen Freund an, der setzte sich in das nächste Flugzeug nach Miami und schlief fortan auf einer Matratze hinter der Zimmertür. Niemand bedrohte mich mehr, vielleicht weil mein Schutzengel da war oder weil sich jemand einen üblen Scherz erlaubt hatte. Jedenfalls wurde Michas Aufenthalt in Florida aus ganz anderem Grund wichtig.

Ich hatte bald ungehinderten Zugang zu dem Gefängnis und bekam vom Direktor einen »General Visitors«-Ausweis, der mir erlaubte, meine Mandanten zu besuchen, wann immer ich wollte. Micha begleitete mich. Das war zwar nicht nötig, denn im Gefängnis konnte nichts passieren. Da er aber andernfalls vor der Tür hätte warten müssen, kam er mit.

Gleich bei seinem ersten Besuch waren sich die Schneiders und Micha sympathisch. Vielleicht lag es daran, dass Micha sagte: »Oh, Schneider, der Geburtsname meiner Mutter ist auch Schneider. Vielleicht sind wir verwandt.« Möglicherweise war Jürgen Schneider auch beeindruckt, einem echten israelischen Kämpfer gegenüberzustehen, wer weiß? Den Grund kennt nur er, und manchmal weiß man eben nicht, warum es zwischen Menschen »klickt«. Micha hörte gern zu. Während ich zusehen musste, die richtigen Formulare auszufüllen, Formulierungen für Anträge zu finden und den großen Plan im Auge zu behalten, konnte Schneider mit Micha plaudern, wenn auch in einem sehr rudimentären Englisch.

Schneider erzählte, dass er, als er verhaftet wurde, dachte, man wolle ihn kidnappen. Die Polizisten waren in Zivil. Erst nach Stunden hätte er realisiert, dass Interpol und das Bundeskriminalamt hinter der Sache standen.

»Du verstehst nicht. Ich will nach Deutschland zurück. Ich werde da ›big noise‹ machen«, sagte Schneider zu meinem Bodyguard.

»Aber man wird dich einsperren und vor Gericht stellen«, sagte Micha.

Schneider antwortete: »Es wird kein Gerichtsverfahren geben. Ich habe Freunde in der Regierung. Freunde ganz oben, es kommt nicht zum Prozess.«

An einem anderen Tag sagte er, als er mit Micha allein war, dass seine Frau nicht alle Einzelheiten kennen würde, aber er habe Beziehungen zu jemandem, »der an der Spitze der Pyramide sitzt – das ist Helmut Kohl. Ohne solche Freunde kannst du nicht arbeiten«, sagte er.

Micha entgegnete, dass ihm nach seiner Einschätzung kein Politiker mehr helfen könne, die Sache sei bereits öffentlich.

Schneider schmunzelte und sagte: »Auch in deinem Land gibt es Leute in der Wirtschaft, die Freunde an höchster Stelle haben. Diese ›Freunde‹ sind so eine Art Partner und kosten Geld.« Micha sah ihn skeptisch an, aber Schneider ergänzte: »This guy (er meinte Kohl) wird alles tun, um was ich ihn bitte, oder ich packe ihn an den Eiern.« Er lachte. »Das schmerzt, weißt du«, dabei machte er eine Geste, als würde er etwas zerdrücken. »Wenn ich falle, wird die Regierung stürzen. Das will keiner.«[4] Er nickte triumphierend.

Später sprach auch ich mit Schneider über Kohl. Er zählte auf, was er Kohl als Spende für die CDU gegeben hatte, es war in etwa die Summe, für die später im Untersuchungsbericht des Bundestages der Spender fehlte. Er steigerte sich in die Vorstellung hinein, er könne sich damit vor dem Gefängnis retten oder Kohl stürzen. Ich blieb skeptisch.

Als Kohl später unter Druck geriet und wegen Parteispenden von einem Untersuchungsausschuss des Bundestages befragt wurde, sagte er: »Die Spender haben mir ausdrücklich erklärt, dass sie diese Spende, die ich dringend brauchte angesichts der Finanzlage der CDU, nur geben, wenn es nicht in die Spendenliste kommt« (Deutscher Bundestag Drucksache 14/9300, S. 203). Bei diesen Spenden habe es sich, wie er weiter aussagte, um Bargeld gehandelt, dass er in den Jahren 1993 bis 1998 in Briefkuverts dem zuständigen Mitarbeiter Hans Terlinden im Konrad-Adenauer-Haus jeweils ausgehändigt habe. Der Name Dr. Utz Jürgen Schneider oder eines der mit ihm verbundenen Unternehmen tauchte in keiner der Listen des Untersuchungsausschusses auf.

Am Ende der dritten Woche von Michas Aufenthalt hatte Schneider handschriftlich einen Brief an Prof. Dr. Rupert Scholz formuliert. Rupert Scholz war ein enger Vertrauter

---

4   Die mündlichen Zitate (aus dem Engl. übersetzt von PM) sind einer eidesstattlichen Erklärung von Micha Rotem vom 7.10.2003 entnommen, die vor einem Anwalt abgegeben und von einer Notarin beurkundet wurde. Außerdem wurde er über diese Aussage von Dr. Tuyva T. Amsel einem Lügendetektortest unterzogen.

Kohls, bis 1989 Verteidigungsminister und zu der Zeit stellvertretender Fraktionsvorsitzender der CDU/CSU-Fraktion im Bundestag. Ich kannte ihn aus meiner Zeit, als ich an der Freien Universität in Berlin forschte.

Mit Datum 25. September 1995 schrieb Dr. Jürgen Schneider an den sehr geehrten Herrn Prof. Rupert Scholz und beklagt sich bei ihm, dass die Deutsche Bank ihn in eine »sehr schwierige Lage« gebracht habe, weshalb er nun gezwungen sei, sich an die Öffentlichkeit zu wenden. In freundlichen Worten führte er aus, dass er über »intensive Kenntnis über die Arbeit der Banken, die Situation anderer Wirtshaftsteilnehmer und deren Verflechtungen« verfüge und es doch bedauerlich wäre, wenn das bekannt würde. Er schrieb, dass die Banken und die Politik in eine unangenehme Lage kämen, wenn er gezwungen sei, seine Informationen offenzulegen. »Der offene Streit muss also beendet werden, bevor es zu spät ist.« Abschließend bat er den Vertrauten des Bundeskanzlers, als Vermittler tätig zu werden.

Der Brief sollte ohne Frage den Bundeskanzler erreichen und war schlicht eine Drohung. Micha Rotem bekam den Auftrag, den Brief persönlich zu übergeben. Er flog nach Deutschland, verabredete auch einen Termin, aber Dr. Scholz bekam er nicht zu sehen. Der musste, als es so weit war, »leider, leider« kurz vorher zu einem dringenden anderen Termin. Da Schneider ihm aufgetragen hatte, den Brief nur persönlich zu übergeben, erreichte er den Empfänger nicht.

In seinem Appartement in Miami war Dr. Jürgen Schneider vor seiner Verhaftung bienenfleißig gewesen. Unter anderem arbeitete er eine mehrere Hundert Seiten umfassende Verteidigungsstrategie aus. Zunächst schrieb er alle seine Gedanken und Planspiele per Hand auf. Da spielte er seine Argumente durch, wägte ab und überlegte, wie seine Gegner und Partner reagieren würden. Dann legte er seine Verteidigungslinie fest und übertrug sie auf einen Computer. Der Report I wurde im August 1994 mit 100 Seiten, Report II im Oktober 1994 mit 120 Seiten und Report III im Dezember mit 205 Seiten (plus Anhang) fertiggestellt und war jeweils adressiert an »Sehr geehrte Herren«. Allerdings ist unklar, ob diese Herren der Vorstand der Deutschen Bank, der Konkursverwalter oder sonst wer waren. Angeblich hatte Jürgen Schneider nach eigener Aussage zu dieser Zeit außer zu seinem Anwalt Canonica, den Herren Dr. Moss und Mehdi Djawardi keinen Kontakt mit Personen, die mit seiner Sache befasst waren. Wollte er diese Reports an seine »Freunde« in der Politik schicken? Hat er es womöglich sogar getan?

In seinen Memoiren »Bekenntnisse eines Baulöwen«, die er 1999 veröffentlichte, erwähnt er seine Wochen und Monate während Beschäftigung nur beiläufig. Stattdessen lamentiert und jammert er darin seitenlang, dass sein Beschützer/Bewacher Poletti immer nur »an einem Tag Spaghetti, am anderen Pizza, dann wieder Spaghetti« servierte und er nur selbst kochen konnte, wenn Poletti in der Schweiz im Urlaub war. Der selbst ernannte Master of the Universe, dem sein Laufbursche »Friss oder stirb« vorschreibt? Wer es glaubt, wird selig. Auch dass er von Dr. Moss an der Nase herumgeführt worden sei, erzählte er ohne Scham. Moss, mit dem er soeben noch seine Flucht geplant und mit dessen Hilfe er 245 Millionen in die Schweiz gebracht hatte, wurde nun zu dem gemacht, was er von Anfang an war, der Mann, der den ehrlichen Kaufmann um sein Erspartes bringen will.

Das Selbstbild des Löwen im Käfig, der von aller Welt verlassen einsam an den Gitterstäben nagt und dabei seine Claudia streichelt, schien ihm auch Jahre danach immer noch zu gefallen. Der Satz auf Seite 195 seiner Memoiren lautet beiläufig: »Außerdem verfasste ich Tausende von Seiten, die zu meiner späteren Verteidigung dienen sollten.« Aus heutiger Sicht ist das geradezu komisch, dass nur nebenbei erwähnt wird, dass er die Haupttätigkeit seines Lebens auf der Flucht mit dem Verfassen seiner Verteidigung verbrachte. Es hätte ein Argument sein können, um zu belegen, dass es ihm tatsächlich um die Klärung der Vorwürfe ging und nicht um den endgültigen Ausstieg. Wie gesagt, wenn dies der tatsächliche Anlass der Reports war.

Die Papiere gelangten nach seiner Verhaftung in den Besitz des US-Gerichts und wurden von Schneider umgehend zu Unterlagen seiner Verteidigung erklärt und nicht dem Staatsanwalt in Miami, sondern seinem Schweizer Advokaten übersandt. Der hat sie dann später auf Anweisung von Schneider an mich geschickt. Ich habe sie seitdem in Verwahrung. Als Schneider mich später als seinen Verteidiger ablöste, wie er auch meine Vorgänger und Nachfolger entließ, behauptete er, die Unterlagen seien ihm gestohlen worden, und drohte über die Presse an, jeden zu verklagen, der daraus zitiert. Aber das war auch nur wieder eine der »Haltet den Dieb«-Geschichten. Er wusste, dass die Unterlagen bei mir sind.

Zum damaligen Zeitpunkt waren bestimmte Ausführungen in seinen Reports einigermaßen brisant, denn darin beschrieb er seine Geschäftsmethode, die im Wesentlichen darin bestand, seine Geschäftspartner zu korrumpieren und auszuspähen. Wenn damals öffentlich geworden wäre, wie er gearbeitet hat, wäre sein Image als biederer Bauherr, das er sich so mühsam aufgebaut hatte, wie ein Kartenhaus zusammengefallen.

Ich habe die über tausend Seiten damals nicht gelesen, sondern die Kartons, wie sie waren, ins Archiv gestellt. Leider. Hätte ich früher hineingesehen, wäre mir einiges aufgegangen. Vielleicht wäre mir auch aufgefallen, dass Herr Schneider einen Hang zur Selbstinszenierung hatte und warum er Kämpfer wie meinen Bodyguard Micha so schätzte. Er strebte nach Anerkennung, die ganze Welt sollte ihn bewundern, und für ein Lob von seinem Vater, der ihn bis zum Schluss missachtete, hätte er alles hingeschenkt. Die Anerkennung erfährt man manchmal auch dadurch, dass man sich selbst erhöht. Entsprechend schien Herr Schneider das Bedürfnis zu haben, mit »Insiderinformationen und besten Verbindungen« zu der Spitze der Pyramide aufzuschließen.

In seinem Report beschreibt er über Seiten sein »verdecktes Informationssystem für Geheiminformationen«. Es liest sich ein wenig wie die Fantasie eines vereinsamten Pensionärs in Florida, andererseits beschreibt er konkret, welche Strukturschwächen im System der Deutschen Bank er ausgemacht und wie er diese Informationen genutzt hat, um seine Geschäfte voranzutreiben. Er behauptet darin, einen Informanten in der »obersten Spitze« der Deutschen Bank zu haben, und stellt klar, dass der Vorstand der Deutschen Bank jedes Detail seiner Verträge kannte und billigte. Er machte sich Gedanken darüber, ob er den Informanten auffliegen lassen solle oder er ihn später noch einmal brauchen könne.

Gemeinsam mit den amerikanischen Kollegen versuchte ich, die Auslieferung des Ehepaars Schneider zu verhindern. Schneider wollte unbedingt, dass ich nach Europa fliege und mit den Vertretern der Deutschen Bank rede. Er wollte sich mit der Bank einigen, um das Offizialdelikt »Betrug« zu relativieren. Er drohte den Bankern, »auszupacken«. Aber die Bankvertreter hatten sich auf eine andere Strategie verständigt. Sie wollten Schneider als Alleinverantwortlichen vor Gericht sehen. Der Deutsche-Bank-Vorstand Hillmar Kopper hatte auf einer Pressekonferenz die von Schneiders Unternehmen nicht bezahlten Handwerkerrechnungen als »Peanuts« bezeichnet und damit für einen vordigitalen Shitstorm gesorgt. Außerdem erschien die Rolle von Vorständen der Großbank später selbst dem Richter dubios. Die Presse schrieb über Korruption und Bestechung bei der Kreditvergabe, aber Schneider machte seine Drohungen nicht wahr, er nannte keine Namen und lieferte keine Belege.

Schneider, der mich zunächst damit beauftragt hatte, alles zu tun, um seine Auslieferung zu verhindern, erklärte 1995 überraschend, sich dem deutschen Gericht stellen zu wollen. Heute ahne ich, wie der Sinneswandel des Baulöwen zustande gekommen sein mag. Bei meiner Reise sollte ich nicht nur mit der Deutschen Bank reden und ein Verteidigerteam für den Prozess zusammenstellen, sondern auch nach Genf zur *Union Bancaire Privée* fahren. Die Direktorin, die mich dort empfing, prüfte ausführlich meine Legitimation und verschwand dann in einem Nebenraum. Als sie nach einiger Zeit zurückkam, eröffnete sie mir freudestrahlend, es sei »alles im Sinne des Doktors geregelt«. Mehr nicht. Kein Schreiben, kein Kontoauszug, nur ein Lächeln. Dabei waren bei der UBP gerade 245 Millionen beschlagnahmt worden. Auch dem Häftling in Miami zauberte diese Nachricht ein Lächeln ins Gesicht. Heute glaube ich zu wissen, warum.

Geld hatte Schneider offenbar nicht erst im Jahr 1994 verschwinden lassen, als er seinen Buchhalter anwies, fällige Rechnungen nicht mehr zu bezahlen und alle flüssigen Mittel nach London auf das Konto 6222 der UBP zu überweisen. Im späteren Prozess gegen Schneider wurde aufgezeigt, wie er bereits in den Jahren zuvor Geld beiseitegeschafft hatte. Allerdings wurde nie geklärt, wo die Millionen abgeblieben waren. Man ging davon aus, dass er die »Überschüsse« in neue Projekte investiert hatte. Tatsächlich sind Hunderte Millionen in ausländischen Firmen versickert und auf versteckten Konten gebunkert worden. Er behauptete gegenüber den Banken, »externe Anspruchssteller« abgefunden zu haben, oder stellte fiktive Millionenrechnungen im Namen einer seiner über 130 Firmen aus, die sich oft im Ausland befanden. Sie trugen so phantasievolle Namen wie »Arnaud de Vienne« oder »European Pacific« und stellten »Developergewinn« oder »Kalkulationsreserve« in Rechnung – wie *Der Spiegel* (Nr. 22/1995, S. 102 und Nr. 27/1996, S. 96) mehrfach berichtete. Da blieben schon mal bei einem Projekt 30 Millionen auf der Seite. Einer seiner Helfer, Mehdi Djawardi, kassierte zum Beispiel für nicht genauer definierte Hilfestellungen in zwei Jahren an die 30 Millionen. Da sich hinter dieser Geldgenerierung ein Geschäftsprinzip verbarg, sind die gefundenen 245 Millionen DM bei der UBP nur, um eine Formulierung Schneiders zu bemühen, »die Spitze des Eisbergs«. Nach den Auskünften des anonymen Anrufers soll Schneider so vor 1995 über 400 Millionen Dollar in aller Welt versteckt haben.

Nach der guten Nachricht aus Genf vollzog mein Mandant einen Sinneswandel. Nun wollte er unbedingt den Prozess. Er akzeptierte zunächst die von mir vorgeschlagenen Anwälte, entließ sie aber bald wieder und versuchte in der Verhandlung, die Banken als mitschuldig in das Verfahren zu ziehen. Auch mich entließ er. Die Mitteilung über das Ende der Zusammenarbeit übermittelte mir der neue Anwalt. Schneider hatte bekommen, was er von mir wollte, also ließ er mich fallen. Er machte mit mir das, was er mit seinen Handwerkern tat. Tatsächlich hatte ich meinen Job erledigt. Ich hatte ihn so lange in den USA gehalten, bis er eine Prozessstrategie und ein Verteidigerteam in Deutschland hatte. Und – was ich damals nicht wusste – so lange, bis die offenen finanziellen »Angelegenheiten« geregelt waren. Nun war ich ein lästiger Mitwisser.

Der Richter sah durchaus eine Mitschuld der Banken, aber Konsequenzen für die Banker hatte das nicht. Schneider erhielt schließlich eine Gefängnisstrafe von sechs Jahren und neun Monaten wegen Betrugs, Kreditbetrugs und Urkundenfälschung. Ein mildes Urteil für einen Milliardenbetrüger. Allen, die Geld von ihm zu bekommen haben, sagt er noch heute, ihm sei nichts geblieben, und fordert »Gefängnis für Banker« (*Welt online* vom 22.10.2008). Die Banken hätten ihm alles genommen und den Gewinn gemacht. Bis jetzt ist er damit durchgekommen und pflegt sein Image als Streiter gegen das Kapital. Wenn öffentlich wird, was ich herausbekommen habe, droht ihm eine Anklage wegen Meineids, denn er hatte vor Gericht geschworen, kein Geld mehr zu haben.

Das Gebäude der *Bancario Cubano* in der Calle Cisneros in Camagüey, Kuba, würde gut in das Beuteschema des Baulöwen passen, ebenso wie die vielen Sanierungsfälle der Kolonialbauten in Havanna. Erste Lage, exzellente historische Substanz, großes Potenzial. Den Kauf und die Sanierung der Gebäude hätte Schneider, so meine Vermutung, ausnahmsweise locker ohne Kredit finanzieren können. Von seinen Festgeldkonten in Havanna. Denn im sozialistischen Kuba soll Schneider, wie der anonyme Anrufer behauptete, seit über 20 Jahren Hunderte Millionen Dollar versteckt haben. Geld, von dem weder Richter, die Deutsche Bank noch eine der anderen 50 Banken bisher wissen. Geld, das kein Konkursverwalter, kein Fahnder des BKA aufgespürt hat. Hidden Money, das es offiziell gar nicht gibt. Big Plunder. Und Kuba als Land für Geldverstecke oder Geldwäsche kommt selbst im neuesten Report der EU nicht vor.

Die Information vom »Hidden Money« auf Kuba war so eine Sache, es gab nicht mehr als Indizien. Kuba war bisher für Geldgeschäfte eine »No-go-Area«. Keine Bank der Welt machte normale Geschäfte mit den Staatsbanken auf der durch einen Boykott vom Handel ausgeschlossenen Zuckerinsel. Was also tun?

Eine Auskunft am Schalter über den Kontostand eines Anlegers würde ich – obwohl ich ja das Urteil aus Tel Aviv hatte – weder in Deutschland noch in der Schweiz oder bei irgendeiner Bank der Welt bekommen. Blackmoney von Schneider auf der Bank »Che« Guevaras, das war kurios.

Der erste Bankdirektor der revolutionären kubanischen Nationalbank hieß Ernesto »Che« Guevara. »Che« wurde Bankdirektor, weil er bei einer Versammlung die Frage von Fidel Castro, »Ist hier ein Ökonomist?«, falsch verstanden hatte. Er glaubte, ein »Kommunist« wurde gesucht, und meldete sich. Die von den Genossen gern kolportierte Anekdote sollte wohl die Verachtung der Revolutionäre gegen das notwenige Übel einer Bank illustrieren. Von Geld und Wirtschaft verstand »Che« jedenfalls nichts, und dass das Bildnis des Geld- und Kapitalismusverächters später einen Pesoschein zierte, ist eher ein Treppenwitz der Geschichte.

Genauso bizarr ist der Umstand, dass Schneider seine Millionen dort versteckt haben soll. Und dass das möglich ist. Genial. Denn dort zu suchen, darauf ist selbst die Mafia nicht gekommen. Oder?

In Wahrheit ist Kuba nur auf den ersten Blick eine von kapitalistischen Verbrechen und Verschwörungen freie Insel. Auf Kuba wurde vor der Revolution die Geldwäsche faktisch erfunden. Lucky Luciano und Meyer Lansky, die Bosse der Kosher Mafia, hatten in den 1940er-Jahren auf Kuba von dem damaligen Präsidenten Batista nicht nur die Glücksspiellizenz erhalten, sondern Kuba zum »Mafia-Paradies« gemacht. Eine Insel, auf der nach den Maßstäben des Verbrechens alles möglich war: Tourismus, Showbusiness, Glücksspiel, Prostitution, Geldwäsche, Drogenhandel, Menschenhandel, Betrug, Erpressung, Raub und Mord waren die Geschäftsfelder.

1959 war damit – bis auf die Show im Tropicana – bekanntlich Schluss, so lautet jedenfalls die bisher offizielle Version. Die Verstaatlichung der Banken und des Geldsystems sollte Korruption und Vetternwirtschaft den Boden entziehen. Die Enteignung der Kapitalisten betraf freilich weniger die Kommunisten Fidel und Raúl Castro, Söhne eines reichen Landbesitzers, die plötzlich einen ganzen Staat als Volksbesitz bezeichneten, aber über ihn wie Eigentümer herrschten. Fidel Castro, der sich nach außen hin bis ins hohe Alter als bescheidener Genosse in Kampfdress oder in Adidas-Jacke präsentiert und abseits der Medien im abgeschotteten und nach Berichten luxuriösen Landsitz Punto Cero oder der privaten Insel Cayo Piedra lebt, galt dem Magazin *Forbes* schon 2006 als einer der zehn reichsten Könige, Königinnen oder Diktatoren der Welt. Aber die Castros als Geldwäscher des internationalen Kapitals? Das ist starker Tobak. Als Drogenhändler stehen die Genossen schon länger in Verdacht. Es gibt eindeutige Belege –

sie stammen vom amerikanischen Geheimdienst aus dem Jahr 1989 –, dass die kolumbianische Drogenmafia, gemeinsam mit den Guerillas der FARC, systematisch Kokain von Kolumbien durch die Karibik nach Kuba und von dort aus nach Key West, Florida, schaffte.

Die FARC kaufte von den Erträgen Waffen, und die Kubaner – man sagt der Castro-Clan – kassierten von den Drogendollars zehn Prozent. Nach Aussagen eines ehemaligen Killers des Medellín-Kartells mit Namen Jhon Jairo Velásquez Vásquez, genannt »Popeye«, soll es eine direkte Verbindung zwischen seinem Chef Pablo Escobar und Raúl Castro gegeben haben – so berichtete beispielsweise *Die Welt* in ihrer Ausgabe vom 2.10.2015. Verwunderlich ist deshalb auch nicht, dass der kubanische Staatspräsident die Friedensverhandlungen zwischen den Rebellen und der kolumbianischen Regierung im Sommer 2016 so erfolgreich moderieren konnte.

Die Öffentlichkeit hat von den Verbindungen der kommunistischen Banker zur restlichen Welt kaum etwas mitbekommen. Nur einmal kam durch eine Anfrage von drei Abgeordneten des US-Repräsentantenhauses etwas Licht in die Keller der kubanischen Banken. Zwischen 1996 und Mai 2003 hat die UBS, eine Schweizer Großbank, in 1900 Transaktionen alte, gebrauchte Dollarscheine im Wert von 3,9 Milliarden Dollar kubanischen Konteninhabern gutgeschrieben. Woher das Geld kam, blieb ungeklärt. War es Drogengeld der FARC? Die UBS musste an die US-Notenbank FED eine Strafe wegen Devisenvergehens von 100 Millionen zahlen.

Ich brauchte einen Beweis für die Existenz des Geldes. Wenigstens einen Kontoauszug oder etwas Ähnliches.

Wer in Diktaturen oder autoritären Regimen etwas erreichen will, muss erfahrungsgemäß ganz oben ansetzen. Bei der
Nomenklatura. Ich überlegte, wen ich kannte und wer sich davon auf Kuba auskannte. Es blieb nur einer übrig, und das war
der inzwischen 91-jährige Rafael (Rafi) Eitan, genannt »Das
Ekel«. Eine Legende in Israel.

»Rafi« wurde 1926 im Kibbuz En Harod, im Norden Israels, in der Nähe des Ortes Aijn Djalut, wo im Jahr 1260 ägyp-
tische Mamelucken auf Mongolen trafen, geboren. Vielleicht
liegt ihm deshalb das Kämpfen im Blut. Nach dem Befreiungs-
krieg, den er im Rang eines Hauptmanns beendete, studierte
er an der London School of Economics, war einer der ersten
Mossad-Agenten und später Chef des Geheimdienstes Lakam.
Der kleine untersetzte Mann hat mehrfach in seinem Leben
in die Geschichte eingegriffen. 1960 führte er die Einheit an,
die Adolf Eichmann in Argentinien schnappte und nach Israel
brachte. In den Jahren 1965 bis 1968 soll er derjenige gewesen
sein, der insgesamt 345 Kilogramm waffenfähiges Uran-235
in den USA für Israels Atomprogramm »organisiert« hat. Und
man sagt ihm nach, dass er 1981 an der Planung der Zerstörung
irakischer Kernreaktoren beteiligt war. Nach der Enttarnung
des israelischen Agenten Pollard in den USA trat er zurück und
wurde Geschäftsmann, unter anderem auf Kuba. Er beriet die
kubanische Regierung in Sachen Produktion und Vermarktung
von Orangen, Mangos und Grapefruits. Auch damit kannte
sich der Kibuznik aus, und auch heute ist er in diversen Projek-
ten aktiv, unter anderem beim Anbau von Pflanzen, aus denen
man Vitamin D_3 gewinnen kann. Gute und persönliche Beziehungen zur kubanischen Elite blieben da nicht aus.

Eitan hörte sich die Sache an und sagte zu, mir zu helfen.
Bei seinem nächsten Besuch in Havanna ging er zu der mir an-
gegebenen Bank und trank mit dem Bankdirektor einen Kaffee,

ein Hatuey-Bier oder einen Mojito. Jedenfalls kam er mit der Meldung zurück: »Es ist mir nicht gelungen, etwas zu erfahren.« Rafi hatte etwas erfahren, aber da er es nicht mit eigenen Augen gesehen hatte, blieb seine Auskunft vage.

Aber was war da? Und wie viel? Mit dem Urteil in die Bank zu marschieren und Auskunft zu verlangen, wäre vielleicht in Europa möglich, aber was galt auf Kuba? Der Rechtsstaat oder die Partei? Es war noch nicht einmal sicher, dass die Nachricht von der Nachfrage nach dem Geld nicht von Kuba nach Königswinter gelangte. Wer das Geld hat, hat das Sagen.

Und dann kam Barack Obama dazwischen. Auf dem Amerika-Gipfel in Panama am 10. April 2015 gaben sich der US-Präsident und Kubas Staatschef Raúl Castro die Hand. Es war ein historisches Treffen, der Beginn des Endes des Boykotts gegen die Karibikinsel und sein Regime. Nun finden solche Treffen nicht zufällig und nicht ohne Vorbereitung statt. Jede Seite stellt im Vorfeld ihre Bedingungen, sagt dem anderen, was geht und was nicht. Den US-Amerikanern waren die geschäftlichen Aktivitäten Eitans auf Kuba durchaus nicht entgangen, er stand immer noch ganz oben auf der Wunschliste der US-Administration. Man verlangte, dass Eitan, sollte er nach Kuba kommen, an die USA ausgeliefert wird. Die Sache mit dem Agenten Pollard und dem verschwundenen Plutonium hatte man ihm nicht vergessen. Rafi musste mir also absagen, eine gemeinsame Reise nach Havanna erschien dem älteren Herrn dann doch nicht passend.

Die Initiative Obamas setzte aber noch etwas anderes frei. Jeder auf Kuba spürte, dass das Ende des Boykotts nahe war und man bald mit der ganzen Welt handeln und womöglich ausreisen konnte. Eine ähnliche Stimmung wie in der DDR nach dem Mauerfall und vor der Wiedervereinigung machte sich breit. Leute, die eben noch für das Regime gearbeitet ha-

133

ben, wollen nun auswandern. Jahrzehntelang liebevoll gepflegte alte Chevrolets werden über das Internet zum Kauf angeboten. Eine Greencard kostet, wenn man nicht auf das Losglück setzt, 100 000 US-Dollar.

Havanna ist seit dem Besuch des amerikanischen Präsidenten ein beliebtes Ziel für US-Finanzbeamte. Sie fahren nach Kuba und versuchen, Informationen über Konten und Geldbestände ausländischer Kunden zu kaufen. Ein amerikanisches Gesetz ermächtigt sie dazu, und außerdem gibt es für das Aufspüren von Steuersündern Prämien. Sie kaufen diese Informationen, wie deutsche Finanzbehörden gelegentlich CDs mit Schweizer Kontodaten erwerben. Die Schneider-Angelegenheit wurde dadurch nicht eben übersichtlicher. Tatsächlich bekam mein Detektiv Micha über seine Kontakte heraus, wo und wie viel Geld der Baulöwe auf Kuba versteckt hatte. Aber durch die Unruhe stiegen die Preise, und die heiße Ware wurde teuer.

Diese Unruhe spürte womöglich auch Dr. Utz Jürgen Schneider. Das sicher geglaubte Versteck Havanna konnte von heute auf morgen entdeckt werden. Spätestens wenn die Computer der Banken an das Internet angeschlossen werden, ist Kuba gläsern. Hektik beherrscht Havanna, und der *Buena Vista Money Club* hat keine festen Öffnungszeiten. Unser Mann in Havanna gab die Kontostände und -bewegungen durch. Schneider soll – wie mir aus vertrauenswürdigen Quellen berichtet wurde – offenbar gemeinsam mit einem zweiten Mann, im Frühjahr 2016 eine Reise auf die Zuckerinsel unternommen haben. Eine Szene wie aus einem Graham-Greene-Roman. Ein alter Mann mit Panamahut, Sonnenbrille, Hawaiihemd und Zigarre betritt die Bank in Havanna, wird von einer Bankangestellten in das Büro des Direktors geleitet. Er sagt, dass er gerne 30 Millionen Dollar abheben möchte. In kleinen Scheinen. Ob man so freundlich wäre, sie wasserfest zu verpacken und auf seine Yacht im Hafen zu bringen. »Un momento«, sagt der Direktor. »Es dauert etwas. Bis dahin, einen Cuba libre?«, fragt er und geht hinaus. Der Deckenpropeller rotiert langsam. Der Drink wird geliefert. Der Direktor kommt mit einer schlechten Nachricht zurück. »Wir haben Probleme mit dem Packpapier. Ist aus.«

Dr. Schneider, der vom Landgericht Bonn für verhandlungsunfähig gehalten wird, flog also – sofern meine Informationen stimmen – im Frühjahr 2016 nach Kuba, ging zur Bank, löste dort seine Konten auf und überwies – nach Angaben eines Gewährsmann aus dieser Bank in Havanna – etwa 30 Millionen US-Dollar auf vier verschiedene Banken in Europa. Die restlichen Hunderte von Millionen waren – so will man glauben machen – wie Eisschnee im Daiquiri in der Sonne Kubas geschmolzen.

Ich habe Herrn Schneider rechtzeitig vor der Veröffentlichung dieses Buches schließlich direkt mit meinen Informationen konfrontiert und um eine Stellungnahme gebeten. Seine Antwort bisher: Schweigen.

MISCHPOKE AUF BAYRISCH

»Andenmord«
oder: Vor dem Gesetz sind alle gleich, es sei denn,
man kennt den Richter

Verkleidet der eine seine Gier als Cleverness und Geschäfts-
tüchtigkeit – und hüllt sich in Schweigen, wenn jemand seine
Maskerade erkennt –, halten die anderen ihre Rache für Gerechtigkeit. Warum sie das tun? Weil sie es können. Dabei sind
alle Menschen vor dem Gesetz gleich. Aber Politiker wissen,
wie man Gesetze macht und sie, wenn man selbst betroffen ist,
nutzt. Andere kennen den Richter vom gemeinsamen Stammtisch. Da wird einiges gleicher. Denkt sich mancher so. Aber
weit gefehlt. Der Schluss der folgenden Geschichte sollte im
Ernst als typisch bayrische Stammtischverschwörungstheorie
gelesen werden. Nichts davon ist wahr. Niemals käme mir in
den Sinn, einem bayrischen Politiker Einflussnahme auf die unabhängige Justiz zu unterstellen. Beides wäre nämlich strafbar.
Die Einflussnahme und die Unterstellung. Wo kämen wir hin,
wenn so etwas überhaupt nur denkbar wäre? Na servus.

»Das Leben ist das kostbarste und höchste Rechtsgut, das wir
Menschen haben. Wer ein Menschenleben vorsätzlich vernichtet, begeht das schwerste Verbrechen, das wir kennen. Daraus

ergibt sich die zwingende Verpflichtung, von staatlicher Seite alles zu tun, um eine solche Straftat aufklären zu können. Würde man die Aufklärung davon abhängig machen, welcher Aufwand, welche Kosten und welche Erfolgsaussichten damit verbunden sind, wäre dies der Anfang vom Ende unseres Rechtsstaats.«

Diese ohne Zweifel richtige Begründung benutzte der Kriminalrat Josef Wilfing, Leiter des K111 im Polizeipräsidium in München, in der Zeitschrift *Der Kriminalist* (5/2005), um die umfangreichen Ermittlungen im Fall des sogenannten »Andenmords« nachträglich zu rechtfertigen.

Der Kriminalbeamte hatte guten Grund, diese starken Worte zu wählen, denn der tödliche Schuss auf die Münchner Krebsforscherin Ursula Glück am 7. Januar 1997 auf dem »Andenweg in Peru« zog Ermittlungen nach sich, die ihresgleichen suchen. Man ermittelte über drei Jahre lang, die Ermittlungsakten umfassten mehr als 20 000 Seiten, und der Angeklagte, Ilan Tesler, der Ehemann der Getöteten, wurde 33 Mal vernommen. Eine siebenköpfige Ermittlungsgruppe der Münchner Polizei und Staatsanwaltschaft reiste drei Jahre nach der Tat, im März des Jahres 2000, mit 300 Kilo technischem Gerät nach Peru und stellte eine 40-köpfige Expedition zusammen, um vor Ort nach weiteren Spuren zu suchen. Man baute am Tatort das Zelt, in dem die Tat geschehen war, wieder auf und versuchte, das Geschehen im Detail zu rekonstruieren. Der 200 Seiten starke Schlussbericht kam zu dem Ergebnis: Ilan Tesler und niemand anderer hat seine Frau im Zelt aus nächster Nähe erschossen. Polizei und Staatsanwaltschaft waren am Ende überzeugt, einen fast perfekten Mord aufgeklärt zu haben.

Im Gerichtssaal hingen während der Verhandlung große Lagekarten des Tatorts. Alles war fotografisch dokumentiert. Als die Verteidigung Zweifel an einer Detailschilderung des

Angeklagten hatte, ließ das Gericht eine Szene, in der der Angeklagte vor einer Zeugin einen Hang am Tatort auf und ab gelaufen sein soll, auf den Stufen des Münchner Bavaria-Denkmals nachstellen. Man begutachtete Tausende Fotos und den Schädel der Ermordeten. Der Prozess dauerte 56 Verhandlungstage. Am 22. Januar 2002 wurde Ilan Tesler wegen Mordes an seiner Ehefrau Ursula Glück-Tesler zu einer lebenslangen Freiheitsstrafe verurteilt. Der Vorsitzende Richter des Schwurgerichts stellte fest: »Der Angeklagte ist überführt, seine Frau am 10. Januar 1997 in den frühen Morgenstunden auf dem Inka-Trail in Peru erschossen zu haben, um sich in den Besitz von Lebensversicherungen im Wert von über zwei Millionen Mark zu bringen.« Tesler habe seine acht Jahre ältere Frau aus Habgier und heimtückisch im Schlaf getötet. Deshalb liege eine besondere Schwere der Schuld vor, »weil der heimtückische Ehegattenmord ein kaum zu überbietender Vertrauensbruch« sei – so zitierte die *Süddeutsche Zeitung* vom 23.01.2002 den Richter.

Tesler selber bestreitet bis heute die Tat und nutzt jede Gelegenheit, um gegen das Urteil vorzugehen.

Ursula Glück stammte aus einer angesehenen Münchner Familie, ihr Onkel war ein bekannter bayrischer Politiker. Sie selbst war eine talentierte Medizinerin, die sich der Krebsforschung widmete. Nachdem sie Ilan Tesler bei einer Israelreise am Roten Meer kennengelernt und sich in ihn verliebt hatte, überredete sie den acht Jahre jüngeren Mann, mit ihr nach New York zu ziehen. Sie wollte eine Familie gründen und hatte den Wunsch, Kinder zu bekommen. Ilan Tesler sah die Beziehung nüchterner und heiratete die Frau wohl auch, weil sie ihm vielleicht die Gelegenheit bot, sich eine Existenz in den USA aufzubauen. Aber er hatte keine glückliche Hand, alle seine Pläne scheiterten. Laut Gericht und Presseberichten begann er, sich mit Betrügereien über Wasser zu halten. Mal sollen auf einer Reise teure Elektrogeräte verschwunden sein, mal er selbst in Kanadas Wäldern, um die Versicherungssumme für eine Lebensversicherung zu kassieren. Aber auch in Sachen Betrug soll er nicht besonders erfolgreich gewesen sein.

Ursulas Familie misstraute dem »Hallodri« von Beginn an, konnte aber die Tochter von der Beziehung nicht abbringen. Vor der Erfüllung von Ursulas Kinderwunsch wollte er unbedingt noch eine Reise nach Peru unternehmen, um das sagenhafte Machu Picchu zu besichtigen. Ursula hätte lieber auf Kuba einen Badeurlaub gemacht, aber es gelang ihm, sie zu überreden. Heiligabend 1996 landeten sie in Lima, 13 Tage später erreichten sie den in 3800 Meter Höhe gelegenen Sonnentempel von Sayamarca in den Anden. Kurz vor Sonnenuntergang schlugen sie ihr Zeit oberhalb eines Campingplatzes in der Nähe der Ruine Runcuracaj auf.

Was dann geschah, schilderte Ilan Tesler später in der Vernehmung so: »Ich hörte, dass jemand den Reißverschluss des Zeltes öffnete. Durch dieses Geräusch wachte ich auf. Ich drehte mich langsam um. Dann hörte ich einen Schuss. Wir schliefen mit unseren Köpfen Richtung Zeltöffnung. Ich schaute zurück und sah einen Mann mit einer Waffe in der Zeltöffnung, und nachdem ich den Schuss gehört hatte, hörte ich auch, wie ein anderer Mann schrie. Ich habe nicht verstanden, was er sagte, aber der Ton in der Stimme war so, als ob er wissen wollte: Was ist passiert? Der Mann, der die Waffe hielt, rief etwas zurück. Auch das habe ich nicht verstanden. Es hörte sich an wie: ›Es ist okay. Nichts ist passiert.‹ Er richtete dann die Waffe auf mich und sagte in gebrochenem Englisch: ›Money‹.

Ich drehte mich um, nahm aus meiner Jeans, die neben mir lag, meine Brieftasche und gab sie ihm. Dann zeigte er auf Ursula und sagte wieder ›Money‹. Ich sagte zu ihm auf Englisch: ›Wir gehören zusammen‹ und zeigte auf meinen Ehering. Er schaute mich noch eine Sekunde lang an und ging dann fort.«

Nach einer anderen Version, die ein Privatdetektiv von der peruanischen Polizei erfahren haben will, soll ein »loco cano«, ein verrückter Alter, mit Namen »Negro« einen Raubüberfall auf die Touristen geplant haben, bei dem er aus Versehen oder Erschrecken einen Schuss abgeben habe. Der Alte habe später die Waffe in eine Schlucht geworfen. Auch »Negro« wurde nie gefunden.

Ursula Glück war nicht sofort tot, sondern lag im Koma und wurde in ein Krankenhaus gebracht, wo sie am 13. Januar starb. Das Verhalten von Ilan Tesler in den Stunden nach der Tat kann man als wirr bezeichnen.

Der Leichnam wurde in Lima untersucht, später in München noch einmal obduziert. Man stellte dort fest, dass einige Organe fehlten. Und man diagnostizierte ein Einschussloch im oberen linken Stirnbereich und einen »Fastaustritt« im Hinterhauptbereich. Der Schuss sei nicht aufgesetzt oder aus nächster Nähe abgefeuert worden.

Die Polizei vernahm Ilan Tesler in München und traf auf einen gebrochenen Mann. Seine Aussagen erschienen der vernehmenden Beamtin zwar nicht in allen Punkten schlüssig, aber nicht verdächtig. Es gab keinen Anhaltspunkt, keine Tatwaffe, kein Projektil, keine Zeugen, keine Beweismittel und vor allem kein erkennbares Tatmotiv. Für die Polizei schien der Fall zunächst klar, wenn auch nicht aufgeklärt.

Ursula Glücks Eltern hatten das Unglück kommen sehen, und nun waren ihre schlimmsten Befürchtungen eingetreten. Sie wollten die Geschichte mit dem Überfall nicht einfach akzeptieren und löcherten ihren Schwiegersohn mit Fragen. Warum habt ihr an dem abgelegenen Platz und nicht auf dem Campingplatz gezeltet? Wie viel Geld hattest du in der Tasche? Hat Ursula geschlafen, als auf sie geschossen wurde? Oder hat sie nach der Waffe gegriffen? Fragen, Fragen, Fragen, auf die Ilan, wie später auch vor Gericht festgestellt wurde, mit Schweigen antwortete. Warum er seine Brieftasche noch habe, wo er sie doch dem Mörder gegeben haben will? Dass die Polizei nicht weiter ermitteln wollte, verstand die Familie nicht.

Ursula Glück wurde am 24.1. auf dem Waldfriedhof in München beigesetzt. Gleich nach der Beerdigung verließ Ilan Tesler München und ließ verzweifelte Eltern zurück.

Zwei Jahre später meldete sich eine US-Versicherungsgesellschaft bei den Eltern, weil es offene Fragen zu Versicherungsverträgen gebe. Es stellte sich heraus, dass Ilan Tesler mehrere Lebensversicherungen mit Versicherungssummen im Todesfall von 300 000 bis 500 000 DM auf seine Frau abgeschlossen hatte. Allein die monatlichen Prämien hatten sein damaliges Einkommen überstiegen. Die Eltern wandten sich an die Polizei. Anschließend nahmen sie Kontakt mit ihrem Schwiegersohn auf und luden ihn zu einem »Versöhnungstreffen« nach München ein. Tesler flog nach München, und die Polizei griff sofort zu. Man fragte ihn nach den Versicherungsverträgen, und er stritt dies so lange ab, bis man ihm die Belege präsentierte. Da der nun Verdächtige im Ausland wohnte und bald wieder abreisen wollte, sah der Staatsanwalt Verdunklungs-

und Fluchtgefahr und beantragte einen Haftbefehl. Eine der umfangreichsten Ermittlungen in der deutschen Kriminalgeschichte begann, und das Verfahren hatte das bereits geschilderte Ergebnis.

Ilan Tesler saß fünf Jahre in der Justizvollzugsanstalt Straubing und wurde 2007 im Rahmen einer Regierungsvereinbarung nach Israel überstellt. Dort sitzt er seitdem in Haft. Er hat immer wieder beteuert, unschuldig zu sein und seine Frau nicht ermordet zu haben. Für ein Wiederaufnahmeverfahren gab es zudem gute Begründungen, denn das Gericht hatte vier von 47 Ermittlungsbänden der Verteidigung vorenthalten. Ein Formfehler, denn die Strafprozessordnung sieht eine »umfassende Akteneinsicht« vor. Dennoch wurde die Revision abgelehnt. Einer der beteiligten Rechtsanwälte sagte mir: »Das Gericht wollte Tesler verurteilen.«

Während die Familie Glück vielleicht mit dem Unglück ihrer Tochter ihren Frieden gemacht hat, kämpfte die von Ilan Tesler weiter um ihre Ehre, oder wenn man so will, um die Wahrheit. Und so bekam ich den Auftrag, mir die Sache doch einmal anzusehen – was bei dem Aktenberg etwa der Ersteigung der Eigernordwand gleichkommt. Es gab ein von Teslers deutschem Anwalt in Auftrag gegebenes Gutachten des israelischen Ballistikers Nahum Shahaf, der maßgeblich daran beteiligt gewesen war, die Fälschung des Videos um den angeblichen Tod des Palästinenserjungen Mohammed-al-Dura aufzudecken. Das Video zeigte eine Szene während der zweiten Intifada im Gaza-Streifen, in der zu sehen ist, wie der Junge von israelischen Soldaten erschossen wird. Der Film und das Foto des toten Jungen und seines Vaters gingen damals um die Welt als Beweis des grausamen Vorgehens der israelischen Armee. Shahaf analysierte die Aufzeichnung, und Journalisten recherchierten die Umstände der Tat, vom Tatzeitpunkt, über den Schattenwinkel, biometrische Analysen des Gesichts des Jungen bis hin zu ballistischen Berechnungen, und kamen zu dem Schluss, dass das Video ein Fake ist und Mohammed-al-Dura aller Wahrscheinlichkeit nach noch lebt. Es gab deshalb eine große Auseinandersetzung, aber die Expertise von Shahaf bestätigte sich. Er gilt als der führende Experte auf diesem Gebiet in Israel.

Schahaf beschäftigte sich also nun auch mit dem Fall des »Andenmordes«, besah sich das Münchener Gutachten und kam zu dem Schluss, dass es so, wie es das Gericht für wahr angesehen hatte, nicht geschehen sein konnte. Für ihn gab es eine entscheidende Ungereimtheit: Der Fundort der Splitter, die aus dem Kopf ausgetreten waren und auf dem Boden in der Größe einer Handfläche gefunden wurden, passte physikalisch nicht zu der vom Gericht als richtig festgestellten Beschreibung des Schusses.

Shahaf stellte fest, dass es nicht möglich gewesen sei, dass sich der Kopf des Opfers in der Mitte des Zeltes befunden habe. Ein vom Gutachter festgestellter Schuss ohne Schusszeichen im Gesicht des Opfers sei unmöglich. Die »geometrischen Korrelationen« seien falsch, und auch die Feststellung des Gerichts, dass das Opfer zum Tatzeitpunkt auf dem Rücken gelegen hatte, könne nicht stimmen. Shahaf: »Das widerspricht den Gesetzen der Schwerkraft.«

Es bestand die Hoffnung, dass dieses Gutachten eines der weltweit anerkanntesten Ballistiker das Gericht nachdenklich machen würde. Zumindest schien zweifelhaft, ob die Fakten richtig dargestellt und bewertet worden waren. Allemal ein Grund, sich mit der Sache noch einmal zu befassen. Das Gericht hatte drei Möglichkeiten, in der Sache zu agieren. Es hätte die Wiederaufnahme betreiben, sie ablehnen oder einen dritten Gutachter hinzuziehen können. Es entschied sich für die Ablehnung. Das Urteil war rechtskräftig und nun gewissermaßen in Stein gemeißelt. Ein hoffnungsloser Fall.

So, und nun wird aus der peruanischen Tragödie ein bayrisches Märchen. Ich war von der Entscheidung des Gerichts einigermaßen frustriert und konnte mir nicht erklären, wieso das Gericht die neuen Hinweise so kühl abgefertigt hatte. Bei aller gebotenen Zurückhaltung und Achtung der Regeln der Strafprozessordnung herrscht normalerweise in deutschen Gerichten ein freundlicher, zuvorkommender Ton unter Kollegen. Hier schien es mir so, dass man den Antrag zur Wiederaufnahme als geradezu ungehörig empfand und weitere Nachfragen als äußerst unpassend empfunden wurden. Nun gut, dachte ich mir, dann hole ich mir meine Mass Gemütlichkeit eben im Hofbräuhaus. Ein Schweinsbraten mit Krautsalat zu einem Weißbier sei einem Touristen gegönnt.

Es war früher Abend, die Geschäfte schlossen gerade, und allmählich füllte sich das Lokal. Ich setzte mich an einen freien Tisch, an dem nur ein älterer Herr in Tracht saß. Der Kellner kam sofort, wollte mir gerade sagen, dies sei der »Stammtisch«, und ich möge mich bitte an einen anderen Tisch setzen, als der Mann murmelte: »Isch scho recht«, und mich zum Bleiben aufforderte. So kamen wir ins Gespräch. Ich bewunderte seine Tracht mit der Lodenjacke, der prachtvollen Weste und dem Hut mit Gamsbart sowie seinen kaiserlichen Bart. Er erzählte mir, wie viel Mühe er jeden Tag darauf verwenden würde, um die »Gesichtsdekoration« in die passende Form zu bringen. Wir prosteten uns zu, ich mit meinem Weißbierglas, er mit dem eigenen Krug mit seinen Initialen. »Und was treibt Sie nach München?« Ich erzählte, dass ich mich gerade über die bayrische Justiz geärgert hätte. Und nach dem zweiten Bier fiel dann auch der Begriff »Andenmord«, und mein Gesprächspartner wurde aufmerksam. »Ach, Sie meinen den Mord an der Ursula?«

»Ja, wissen Sie denn davon?«

»Das hat die ganze Stadt beschäftigt. Ich kannte sie und bin mit ihren Eltern per Du. Die hat es damals schier umgerissen, als das passiert ist. Wo sie den Kerl doch nicht mochten. Die haben alles dafür getan, dass der nicht wieder aus dem Karzer kommt. Das können Sie mir glauben.«

»Wie das?«

»Na, der Onkel von der Ursula ist doch der Alois Glück. Ganz großes Tier. Faktisch so was wie ein zweiter bayrischer Löwe, wenn Sie wissen, was ich meine. Und die sind doch alle Spezln.«

»Spezln?«

»Na, wenn wir ein Leben lang gemeinsam am Stammtisch gesessen hätten, würden auch wir beide unsere Leichen im Keller mit Vornamen kennen. Landtagspräsident, Vorsitzender Richter, Gerichtspräsident, Abgeordneter, Parteivize. Wissen's schon. Spezln eben. Und was glauben Sie, was los ist, wenn von denen einer seiner Madeln was passiert? Dass sie sich das gefallen lassen und den mit den Lebensversicherungen abzischen lassen? Das glauben's doch nicht, dass das passiert.«

Mir blieb nur noch, zwei Bier und einen Obstler zu bestellen und zuzuhören.

»Also, die haben diesen Ilan doch hergelockt. Und als er auf dem Flughafen ankam, ist die Falle zugeschnappt. Und dann wurde aber alles aufgefahren, was Justitia so an Besteck in der Schublade hat.«

»Prosit«, sagte ich, »hat dann ja auch geklappt.«

»Ja, was denn sonst? Mia san mia. Glauben Sie, da kann so jemand aus Jerusalem kommen und unseren Herren Juristen Mores lehren? Da nehmen Sie mal schön Ihre Beweise wieder mit. Da kann eher der Papst eine Enzyklika in Sachen Reinheitsgebot verkünden, bevor ein bayrisches Gericht sich irrt. Zum Wohl.« Ich sah ihn an. Er kannte seine Mischpoke oder, wie er sagen würde, Spezlnwirtschaft. Dann haben wir noch ein Foto gemacht und auf die ungerechte Welt getrunken.

AMNESIE
Wenn die Wahrheit Hilfe braucht

»Das habe ich getan, sagt mein Gedächtnis.

Das kann ich nicht getan haben – sagt mein Stolz und bleibt unerbittlich.

Endlich – gibt das Gedächtnis nach.« Schreibt Friedrich Nietzsche in *»Jenseits von Gut und Böse«.* Als jenseits von Gut und Böse empfinde ich das Vorgehen der Justiz im Fall Tesler. Ob der Angeklagte seine Ehefrau ermordet hat, kann ich selbstverständlich nicht wissen. Dass die Tat anders abgelaufen ist, als vom Gericht beschrieben, hätte allerdings Anlass genug sein müssen, den Fall noch einmal unter diesem Aspekt zu untersuchen. Denn wie heißt es so schön: Im Zweifel für den Angeklagten. Aber solche Zweifel waren in diesem Fall – glaubt man meiner Hofbräuhaus-Bekanntschaft – schlicht unerwünscht. Dass aber die juristische Vernunft aus diesem Grund *»nachgegeben«* hätte, kann ich mir, wie schon erwähnt, nicht vorstellen.

Im Falle des Gedächtnisses allerdings ist solches *»Nachgeben«,* wie Nietzsche es beschreibt, leider allzu oft anzutreffen. Wenn nicht sein darf, was nicht sein soll, wird die Erinnerung gern schon einmal umgeschrieben oder gelöscht. Manchmal muss man dem Gedächtnis deshalb auf die Sprünge helfen, *wie im folgenden Fall, bei dem es sich zunächst nur um einen Erbstreit zu handeln schien. Geschichte verjährt nicht.*

Wenn man als Anwalt einen Anruf von einem der renommiertesten Anwaltsbüros aus der Zürcher Bahnhofstraße bekommt, geht es meist um Geld. Natürlich redet man am Telefon nicht darüber, sondern bekommt eine freundliche Einladung: »Wir würden uns freuen, wenn Sie einmal vorbeikommen könnten. Morgen um 17 Uhr in der Kanzlei wäre recht.«

Ich setzte mich – »Ihre Auslagen ersetzen wir natürlich« – also ins Flugzeug und besuchte die Kollegen. Nach den Höflichkeiten und dem Angebot, Kaffee, Tee und Schweizer Schokolade zu probieren, kam man zur Sache. Es ging um einen Erbschaftsstreit. Zwei Brüder hatten nach dem Zweiten Weltkrieg einen großen Handelskonzern aufgebaut, und der ältere Bruder war vor einiger Zeit überraschend verstorben. Alleinerbe war sein einziger Sohn, der aber alles andere als kaufmännische Interessen hatte, sondern sich seiner Leidenschaft, der Restaurierung von Renaissance-Gemälden, widmete.

In den Tagen der Trauer und des Abschieds hatte sein Onkel dem Erben angeboten, ihm seinen Anteil an dem Konzern abzukaufen. Der Kaufpreis des Erbteils sollte – so ging aus den Unterlagen des Generalbevollmächtigten hervor – etwa 300 Millionen Euro betragen. Da das Unternehmen immer noch eine Personengesellschaft war, vereinbarte man in einem nächtlichen Gespräch – an dem nur der Onkel, der Erbe und der Generaldirektor teilnahmen –, dass bei einem Verkauf des Unternehmens oder der Umwandlung in eine Aktiengesellschaft in absehbarer Zeit der Zugewinn geteilt würde. Die Herren besiegelten den Handel nach alter Kaufmannssitte per Handschlag. Der Onkel zahlte dem Neffen seinen Anteil. Alle waren zufrieden, und der Erbe widmete sich seinen kunsthistorischen Interessen.

Zwei Jahre später ging das Unternehmen an die Börse. Der Erlös war doppelt so hoch wie der bei der Erbschaft geschätzte Unternehmenswert. Der Neffe erfuhr von dem Verkauf aus der Zeitung. Er brauchte einige Zeit, um zu realisieren, was passiert war, rief dann seinen Vermögensverwalter in Zürich an, und der stellte die Unterlagen zusammen. Als der Erbe seinen Onkel anrief und an die nächtliche Verabredung erinnerte, stritt der alles ab. Auch der Generaldirektor, von dem Erben befragt, erinnerte sich nicht an die Zugewinnvereinbarung. Bei Geld hört offenbar die Verwandtschaft auf.

Der Anwalt in der Schweiz riet ihm: »Auch wenn es allem Anschein nach keinen Sinn macht, klagen Sie und nehmen Sie sich einen Strafverteidiger. Vielleicht bitten Sie Dr. Goldfine um ein Gespräch. Der hat meistens eine überraschende Lösung.«

Der Anwalt fragte mich, ob ich am Abend schon etwas vorhätte, er würde mich gern zum Essen einladen. So kam ich zu dem Mandat. Wir gingen in die Kronenhalle. Es gab Zürcher Geschnetzeltes und Rösti unter einem Picasso. Der Erbe kam auch hinzu und bestellte ein Gericht mit dem schönen Namen »Dreckkratzer«. Es war, wie sich herausstellte, ein schmackhaftes Hühnchen.

Ich ließ mir die Angelegenheit noch einmal von meinem Mandanten schildern und fragte nach. Ja, die Verabredung des Zugewinns bei Verkauf hatten die Parteien mündlich bei einem guten italienischen Wein getroffen. Ich sah den nicht mehr ganz jungen Mann an. »Es ging um Hunderte Millionen «, sagte ich. Er zuckte mit den Schultern.

»Aber der Generaldirektor war doch dabei.«

»Und haben Sie ihn gefragt, ob er die Sache bestätigt?«

»Er wird abstreiten, dass wir etwas Derartiges verabredet haben. Was meinen Sie? Kann man da etwas machen?«

»Es gibt immer einen Weg«, sagte ich.

Eine Möglichkeit war, zu klagen. Wir würden mit der mündlichen Vereinbarung argumentieren, mit dem offensichtlichen Plan des Onkels, das Geschäft ohne den Neffen zu machen. Viel Aufsehen, hohe Kosten. Aber der Erbe wollte es so, und der Züricher Anwalt reichte die Klage ein. Es gab aber auch noch eine andere Möglichkeit. Es war die Methode, die Tamir so erfolgreich im Kasztner-Prozess angewandt hatte. Sie sagte mir, die Lösung des Falles lag nicht im Offensichtlichen.

Ich besorgte mir alles verfügbare Material über den Onkel, seine Familie, den Generaldirektor, dessen Frau und so weiter. Ich wollte wissen, in welchem Verhältnis sie zueinander standen, wo sie herkamen, was sie für eine Vergangenheit hatten und ob es dunkle Seiten in ihrem Leben gab. Das nahm einige Zeit in Anspruch. Aber dann legte das Gericht einen ersten Verhandlungstermin fest, und plötzlich drängte die Zeit.

Ich prüfte die Verträge, das Testament, die Biografien. Alles schien sauber und lückenlos. Die Erfolgsgeschichte einer Familie von ehrbaren Kaufleuten, die in das Nachbarland eingewandert waren und seit über hundert Jahren auf ihren Fleiß und den Glauben setzten. Warum sie sich nun anders verhielten, war rätselhaft. Die Brüder waren Kaufleute in der dritten Generation. Sie setzten auf niedrige Preise, kauften große Mengen von Dingen, die die Leute brauchten, und verkauften sie günstig. Ihre Geschäftsidee zielte auf das Mengengeschäft. Ihre Lebensläufe waren gerade und langweilig wie Fichten.

Ihren Generaldirektor kannten sie seit Kriegsjahren. Es war eine Freundschaft unter Männern, deren Kern manchmal nicht auszumachen ist. Er war Deutscher und hatte Medizin studiert, Einzelhandel musste er lernen, aber wer operieren kann, dem liegt offenbar auch das operative Geschäft. Es blieb nur eine dunkle Stelle in der sonst makellosen Biografie, die meine Neugier erregte. Was er in den Jahren von 1939 bis 1945 gemacht hatte, war nicht herauszubekommen. War er beim Militär gewesen, hatte er als Arzt gedient? Fehlanzeige. Auch die Nachforschungen, ob er Mitglied der NSDAP war, liefen ins Leere.

Ich fragte bei meinen Recherchen auch bei dem DDR-Rechtsanwalt Vogel nach, der mir aus einer anderen Sache einen Gefallen schuldig war. Er hatte Zugriff auf Stasi-Akten, die wiederum auch alte Nazi-Archive beinhalteten. Aber auch dort war nichts zu finden. Und dann gab es da noch ein Militärarchiv in einem Wald bei Potsdam. Vogel versprach sich offenbar etwas davon, dass ich in der Sache weiterkam, und so erhielt ich eine Besuchserlaubnis für den Bunker im Wald. Tatsächlich tauchte der Name des Gesuchten in der Kartei auf, aber die Personalakte fehlte. Das machte mich stutzig. Wer hatte die Personalakte, und warum fehlte sie? Es handelte sich bei meiner Zielperson offenbar nicht um einen Gefreiten.

Es gab nur noch die Möglichkeit, dass die US-Armee etwas wusste. Die US-Armee hatte nach dem Krieg einiges Material konfisziert und über den Atlantik verbracht. Es gab ein geheimes Archiv in Las Vegas. Aus einem anderen Fall kannte ich einen Anwalt in Cleveland, der gute Kontakte zur »Firma« hatte, wie er es nannte. Er bestätigte mir, dass es etwas unter dem besagten Namen und den Zeitraum gab. Kopien könne man aber nicht anfertigen, ich müsse mich schon vor Ort begeben.

Also fuhr ich nach Las Vegas und gab mich als Journalist aus, der einer Nazisache auf der Spur war. Mein Kontakt war ein ehemaliger Colonel der US-Armee, der auch Verwandte in Auschwitz gelassen hatte und in Deutschland stationiert gewesen war. Er lebte in einer Art Western-Fort und eröffnete mir, dass es offiziell keine Erlaubnis zur Akteneinsicht gebe. Aber ich könne ja eine Besichtigung beantragen, und seine Tochter würde mich begleiten.

Das Archiv war ein Hochsicherheitstrakt. Ich wurde von Kopf bis Fuß gefilzt, um sicherzustellen, dass ich kein Material hinein- oder herausbringen konnte. Die Tochter des Offiziers wurde jedoch nicht so streng kontrolliert, und sie hatte eine Minox dabei. Tatsächlich war das Archiv sehr umfangreich, und ich fand die Personalakte. Sie enthielt einige Beweise. Der Generaldirektor war als junger Arzt zur SS gegangen und dort stationiert gewesen, wo Menschenversuche gemacht worden waren. Eines der Fotos in der Akte zeigte den jungen Arzt in SS-Uniform. Die Tochter des Offiziers fotografierte die Akte.

Ich fuhr an einem Dienstag in die Stadt, in der die Beteiligten wohnten und der Prozess stattfinden sollte. Der Auftritt des Generaldirektors als Zeuge im Verfahren war für Freitag vorgesehen. Alle Versuche der an dem Verfahren beteiligten Anwälte, eine gütliche Einigung zu erzielen, waren fehlgeschlagen. Die Gegenseite war fest davon überzeugt, dass wir nichts in der Hand hatten. Ich wusste es besser, rief meinen Mandanten an und sagte: »Ich habe ihn.«

Der Generaldirektor wohnte etwas außerhalb der Stadt in einer Villa direkt am Wasser. Es war bereits spät, als ich bei seinem Haus ankam. Ich klingelte. Es dauerte etwas, bis das Licht anging und der Gesuchte im Hausmantel die Tür öffnete. Ich stellte mich vor und sagte, in wessen Auftrag ich unterwegs war.

»Was wollen Sie? Es ist fast Mitternacht«, sagte er.

»Ich möchte Ihnen etwas zeigen, darf ich hereinkommen?«

»Hat das nicht Zeit bis morgen?«, knurrte er und wich nicht von der Tür.

Ich griff in meine Tasche und holte einen großen Abzug des Fotos hervor, das ihn in der SS-Uniform zeigte. Der Generaldirektor sah es, erkannte sich und wurde bleich.

»Woher haben Sie das?«

Ich zuckte mit den Schultern. »Das sind Sie? Stimmt das? Ich weiß, wo das Foto gemacht wurde und wer es aufgenommen hat. Ich habe Ihre Personalakte. Soll ich mehr erzählen?«

»Kommen Sie herein.« Der Mann zog mich am Arm in sein Wohnzimmer. Über dem Kamin hing ein Gewehr. Mir wurde klar, dass es vielleicht keine gute Idee gewesen war, nachts, allein und mit schlechten Nachrichten hierhergefahren zu sein.

Der Generaldirektor ging zum Buffet und schenkte sich einen Cognac ein. Er deutete auf die Flasche: »Sie auch?« Ich schüttelte den Kopf. »Was wollen Sie von mir?«, fragte er. »Geld?«

»Ich möchte Sie bitten, dass Sie sich am Freitag an die Verabredung mit meinem Mandanten erinnern und die Wahrheit sagen.«

»Und dann?«

»Dann wird dieses Foto wieder dorthin verschwinden, wo es die letzten Jahre war. Wenn Sie möchten, überlasse ich Ihnen gern den Abzug und das Negativ.«

»Sie ruinieren mich.«

Ich sah mich um. »Das Haus ist sicher bezahlt. Und sonst geht es Ihnen bestimmt auch nicht schlecht.«

»Sie ruinieren mein Leben«, wiederholte er.

»Sie haben die Wahl. Die hatten nicht alle, die mit Ihnen zu tun hatten«, sagte ich.

»Und welche Garantien habe ich, dass Sie mich nicht weiter erpressen?«

»Erpressen? Sie haben mein Wort.« Ich ließ das Foto auf dem Wohnzimmertisch liegen und ging.

Der für den folgenden Freitag anberaumte Termin vor Gericht fiel aus. Die Parteien einigten sich außergerichtlich. Der Generaldirektor nahm seinen Abschied. Mein Mandant bekam den ihm zustehenden Anteil.

TOHUWABOHU

Die Weltverschwörung
oder: Ein seltsamer Anwalt

Natürlich war mein Vorgehen in dem geschilderten Fall ungewöhnlich – ebenso wie es das Vorgehen des Anwalts Tamir im Fall Kasztner gewesen war. Doch man möge einem Israeli nachsehen, wenn er in Nazi-Angelegenheiten nur wenig Skrupel empfindet. Und ist es nicht legitim, der Wahrheit hin und wieder auf die Sprünge zu helfen? Denn darum sollte es doch vor Gericht eigentlich gehen.

Tatsächlich kommt die Wahrheit jedoch – wie gesehen – gerade hier allzu oft unter die Räder. Wenn es um Macht geht, um Rechthaben oder um Rache, um Geld oder um die »richtige« Lehre, hat die Wahrheit meist einen schweren Stand. Das war schon immer so. Wissen ist so kostbar wie gefährlich. Der ewig neue Versuch, es zu erlangen oder zu verbergen, sorgt seit Jahrtausenden für die abenteuerlichsten Geschichten.

Der blinde Bibliothekar Jorge von Burgos beispielsweise hielt manche Erkenntnisse und Schriften der griechischen Philosophen, insbesondere wenn sie den Humor und das Lachen feierten, für Teufelswerk, das die christlichen Dogmen wie die Macht der Kirche untergrabe. Er bestrich deshalb die Seiten des einzigen Exemplars des »zweiten Buchs der Poetik« von Aristoteles mit Gift. Wer die Seiten des Buches umblätterte und mit dem Gift in Berührung kam, starb auf mysteriöse Weise. So erzählt es Umberto Eco in seinem Mittelalterkrimi »Der Name der Rose«.

Auf gewisse Weise handelt die folgende Geschichte von ganz ähnlichen Dingen, nämlich von verloren geglaubten, vergifteten Papieren, Geheimbünden, mysteriösen Todesfällen und einem teuflischen Lachen. Italien spielt in der Geschichte zwar eine Rolle, aber nur am Rande. Das eigentliche Drama fand in Cleveland, Ohio, statt, und dieses Drama war auch nicht wirklich ein Fall.

Sondern? Ich würde scheitern, wollte ich versuchen, zu beschreiben, was es stattdessen war. Ich kann nur schildern, was sich zugetragen hat. Erklären kann ich es nicht.

Ein Mandant hatte mich beauftragt, bei seinem Partner, dem Anwalt Daniel Todt in Cleveland, Ohio, Provisionsansprüche aus einem Hundert-Millionen-Dollar-Geschäft einzutreiben. Es handelte sich um eine Kreditvermittlung, bei der beide als Makler tätig geworden waren.

Der Anwalt in Ohio wollte sich weder schriftlich noch telefonisch zu dem Fall äußern, machte die Sache geheimnisvoll, und so blieb mir nichts anderes übrig, als ihn aufzusuchen. Er erkundigte sich genau, wie ich fliegen und wann ich ankommen würde, und bot an, mich vom Flughafen abzuholen. Da es keinen Direktflug gab, musste ich zuerst nach New York, dort von Newark zum John F. Kennedy Airport, um die Maschine nach Cleveland zu erreichen.

Anfang der 1990er-Jahre gab es in New York noch keine Shuttle-Busse, sondern man war auf die Yellow Cabs angewiesen. Es war später Abend, und ein Taxi stand wie bestellt vor dem Ausgang des Airports. Der Fahrer nickte nur, als ich sagte, wohin ich wollte. Er packte meinen Koffer in den Kofferraum und fuhr los. Ich saß im Fond und versuchte, etwas von der Stadt zu erblicken. In die vorbeifliegenden Lichter hinein fragte der Fahrer plötzlich: »Mr. Goldfine?«

Ich war verblüfft. Woher kannte er meinen Namen?

»Warum wollen Sie das wissen?«, fragte ich zurück.

»Wenn du Mr. Goldfine bist, habe ich eine Nachricht für dich.«

»Okay«, sagte ich. »Ich bin Goldfine. Worum geht es?«

Der Fahrer nickte und steuerte die nächste Parkbucht an. Er hielt den Wagen an, stieg aus und kam um das Auto herum. Er öffnete die Seitentür und sagte: »Komm raus.«

Ich wusste gar nicht, wie mir geschah. Der Fahrer hatte ein Klappmesser in der Hand. Ich stieg aus, und er setzte mir das Messer auf die Brust. Er trug ein helles Hemd, Jeans und Schlangenlederschuhe.

»Ich soll dir sagen: Wenn du in 24 Stunden das Land nicht wieder verlassen hast, bekommst du Ärger.« Er stieß leicht mit dem Messer zu.

»Wer sagt das?«, fragte ich.

»Egal«, sagte der Fahrer. »Wo willst du jetzt hin?«

»JFK«, sagte ich.

»24 Stunden?«, fragte er.

»24 Stunden«, antwortete ich. »Ich muss nach Cleveland.«

Der Rest der Fahrt verlief schweigend.

In meinem Hemd blieb in der Höhe des Herzens ein kleines Loch zurück. Wenn ich den Fahrer beschreiben müsste, könnte ich mich mit Sicherheit nur daran erinnern, dass er Schuhe aus Schlangenleder trug.

Ob dieses Ereignis etwas mit Daniel Todt zu tun hatte, habe ich nie erfahren. Jedenfalls war er der Einzige, der meinen Flugplan kannte und wusste, wann ich wo ankomme. Als ich ihm davon erzählte und fragte, was er in einem solchen Fall tun würde, lachte er. »Amerika ist ein freies Land. Da entscheidet jeder für sich, ob er bleibt oder geht.«

Es war der Beginn einer der verworrensten Begegnungen, die ich in meinem Berufsleben gemacht habe. Wenn Daniel Todt, Anwalt in Cleveland, lachte, klang es, als würde der vom Großonkel geerbte NS-Ehrensäbel, der über seinem Schreibtisch hing, wie ein fliegendes Schwert durch die Luft sausen und einem den Hals durchtrennen. Es war ein Lachen, das ich nie vergessen werde und das mir einen trockenen Hals machte. Wie das Lachen des Teufels. Und Daniel Todt lachte überraschend oft und gern. Und er redete viel, lief zwischendurch aus dem Büro, holte Unterlagen, trank ununterbrochen Kaffee, kontrollierte seinen Zuckerspiegel, spritzte sich durch das Hemd Insulin und sprach dabei ununterbrochen. Wenn ich die Informationen, die ich von meinem Mandanten hatte, mit den vielen Details, die ich von Todt erfuhr, verknüpfte, ging es um nichts weniger als eine Weltverschwörung.

Todt hatte vor Jahren, als er noch für die CIA arbeitete, eine Entdeckung gemacht, in die er mich einweihte. Er machte das konspirativ und immer unter dem Siegel allergrößter Verschwiegenheit. Er fühlte sich nämlich beobachtet und ging davon aus, dass sein Telefon abgehört und er beobachtet wurde.

Tatsächlich kam ich mir bei meinen Besuchen in seinem Office im 20. Stock eines Wolkenkratzers vor wie in einem Agentenfilm. Immer stand dasselbe Taxi vor der Hoteltür oder kam zufällig vorbei, wenn ich abends aus einem Restaurant zurück ins Hotel wollte. Immer folgte dem Taxi ein heller Chevrolet mit zwei Männern, die Hüte mit den damals modernen kurzen Krempen trugen. Das Auto stand vor Todts Büro, meinem Hotel und sogar am East Boulevard, als ich einmal ins Kunstmuseum ging, um eine Stunde Wartezeit zu überbrücken. Auch dort blieb ich zwangsläufig beim Thema, denn in diesem Museum wird ein Teil des Welfenschatzes ausgestellt, der vor dem Holocaust von jüdischen Kaufleuten aus Frankfurt gekauft und von den Nazis enteignet worden war. Ein Teil wurde nun in Cleveland ausgestellt. Wer daran interessiert war, wie ich in Cleveland meine Zeit verbrachte, konnte ich nicht herausfinden. Todt meinte, als ich ihm die merkwürdigen Schatten beschrieb, es sei »die Firma«, die CIA.

Er selbst war, wie er andeutete, Mitglied der Firma gewesen und hatte Dinge erfahren, die er nach seinem Ausscheiden aus dem Dienst vergolden wollte. Auch hatte er offenbar noch gute Kontakte zu seinem ehemaligen Arbeitgeber, denn als ich ihn einmal darum bat, mir Informationen über einen Deutschen aus einem Geheimarchiv zu besorgen, dauerte es nur wenige Tage, bis er mir das Gewünschte mitteilte.

Wie ich nun erfuhr, ging es bei dem Geschäft, dessentwegen ich hier war, um einen ominösen Fonds. Über dessen Herkunft hatte Todt gleich mehrere Geschichten parat. Eine lautete, dass in den 1940ern ein Mr. Thor De Allah Kahn vom Planeten Atlantis den Führern der Welt Schuldverschreibungen im Wert von 13 bis 33 Milliarden Dollar übergeben hatte. Die Regierungen der Großmächte USA und UdSSR hätten dieses und anderes Geld in einen gemeinsamen Fonds gegeben, um damit oppositionelle Kräfte außerhalb ihrer Einflusssphären zu unterstützen oder zu bekämpfen. Da man sich aber aufgrund des Kalten Krieges über die Verwendung der Mittel nicht verständigen konnte, wurden diese Gelder verliehen.

Ich hörte mir das an, hielt ihm eine rege Fantasie zugute

und folgte ansonsten dem alten Grundsatz: *Wer ruhig leben will, darf nicht sagen, was er weiß, und nicht glauben, was er hört.*

Als pure Spinnerei konnte ich seine abstrusen Geschichten jedoch abtun, denn ich war ja hier, weil ein Mandant aus Deutschland zusammen mit Todt in einem solchen Kreditgeschäft vermittelnd tätig gewesen waren. Er hatte gemeinsam mit Todt aus einem Fonds in London über 100 Millionen US-Dollar über die Kanzlei an einen Kreditnehmer vermakelt. Konkret sollte das Geld nach Auskunft meines Mandanten von der britischen Königsfamilie stammen. Es gab einen Kreditgeber und in der Citibank New York einen Kreditnehmer.

Nur war Todt meinem Mandanten die versprochene Provision von einem Prozent der Kreditsumme bisher schuldig geblieben. Todt bedauerte mit großen Gesten, seinem Lachen und abenteuerlichen Geschichten, dass er selbst noch keinen Cent gesehen habe. Ich fragte ihn, ob das Geschäft denn überhaupt stattgefunden habe. Natürlich, sagte er. Für weitere Kredite bedürfe es nur noch einer Absprache. Und die Sache mit der Provision sei so gut wie auf dem Weg. In zwei Wochen würde der Vizepräsident der USA, der ehemalige CIA-Chef George Bush, nach Russland fliegen, um letzte Hindernisse aus dem Weg zu räumen. Er zeigte mir entsprechende Briefe. Wenn das stimmte, war ich der Kaiser von China.

Ich saß an seinem Schreibtisch und versuchte, mir ein Bild von dem Mann zu machen, der von sich sagte, dass sein Großonkel in Deutschland die Autobahnen gebaut hatte, und der mich jetzt – wo ich nun einmal da war – engagieren wollte, um Ansprüche von Erben gestohlenen jüdischen Vermögens in Deutschland einzutreiben. Die Papiere, um die es dabei ging, lagen zu Teilen vor mir auf dem Schreibtisch. Es waren Schuldverschreibungen. Sie sahen seriös aus, die Geschichte war nachvollziehbar, die Ansprüche schienen begründet. Die Korrespondenz mit der Norddeutschen Landesbank oder der Sparkasse Köln füllte einen ganzen Ordner. Allerdings war dies alles gar nicht der Grund meiner Reise gewesen – ich schlidderte da in etwas hinein. Todt meinte, ich müsse als Jude doch daran interessiert sein, dass Juden zu ihrem Recht kommen oder die Deutschen zumindest zurückzahlen, was gestohlen wurde. Die Geschichte klang plausibel.

Die Provinzregierung Hannover hatte im August 1927 Schuldverschreibungen, Gold-Bonds zu sechs Prozent, mit einer Laufzeit von 30 Jahren im Wert von je 1000 US-Dollar verkauft. Man wollte mit dem eingenommenen Geld Talsperren bauen, zum einen, um die Bevölkerung der Provinz zuverlässig mit Trinkwasser zu versorgen, zum anderen, um die Hochwasser in den Griff zu bekommen, die immer wieder zu Überschwemmungen führten und Typhusepidemien auslösten. Die Familie Ida und Isaac Cohn hielt dies für eine gute und zukunftsichere Investition und kaufte 1200 Stück dieser Anleihen.

Ida und Isaac Cohn und zwei jüdische Freunde mussten dann einige Jahre später vor den Deportationen der Nazis flüchten. Im September 1942 gingen sie über die Berge in Tirol und einmal durch ganz Italien, bis in die Spitze des Stiefels, nach Kalabrien. Sie hatten jeder einen Koffer und einen Rucksack bei sich und trugen für die Jahreszeit viel zu warme Kleidung. Sie mieden die Städte und Dörfer und wurden von einem zum anderen Führer übergeben, die ihnen den Weg zeigten und sie mit Proviant versorgten. Da sie nur nachts weitergingen, konnten sie die unterschiedlichen Regionen nur an dem Brot, dem Käse oder dem Wein erschmecken. Vom Land sahen sie nur die dunkle Seite und allenfalls eine vom Mond beschienene Landschaft. Tagsüber versteckten sie sich in Scheunen, Ställen oder im Gebüsch, um nicht von den deutschen Truppen oder Mussolinis Soldaten entdeckt zu werden. Sie waren auf der Flucht und hatten praktisch in letzter Minute noch einen Weg aus dem Land gefunden.

Auch Francesco Caratozzolo war oft nachts unterwegs. Er kämpfte gegen die Faschisten und machte Kurierdienste für den Widerstand. Eines Tages bekam er von seinem Bruder Antonio den Auftrag, ein paar Flüchtlinge zu versorgen und weiter nach Süden zu bringen, damit sie nach Sizilien übersetzen können. Antonio war vor Jahren aus den USA zurückgekehrt und war so etwas wie der Chef des Widerstands in der Region. Er wusste vieles und organisierte die Flucht von Leuten, vor allem von Ebrais, Juden. Es gab Gerüchte, dass die Amerikaner bald auf Sizilien landen würden. Dann wären sie in Sicherheit. Noch war die Gegend aber sehr gefährlich, die italienischen Truppen waren nervös und vermuteten hinter jedem Fremden einen Invasionssoldaten oder Agenten. Man schoss, bevor man fragte.

Er traf die beiden Paare in der Nähe einer Kirche. Die Frauen waren von der langen Reise erschöpft, einer der Männer hinkte, sagte aber nichts. Eigentlich hatte Francesco gar keine Zeit, sich tagelang mit den Flüchtlingen abzugeben. Die Trauben waren reif, und der Zeitpunkt der Ernte war gekommen. Das war keine Sache, die man aufschieben konnte, Krieg und Flüchtlinge hin oder her. Wenn er die Ernte versäumte, gab es im nächsten Jahr keinen Wein. Und was ist das Leben ohne Wein?

Entgegen den Anweisungen seines Bruders brachte er die Flüchtlinge auf den Hof, in dem er auch seine Familie untergebracht hatte. Unten im Dorf war Militär, das sich aufführte, als wären alle ihre Sklaven. Im Haus gab es einen Keller, in denen die Gäste zur Not versteckt werden konnten. Der Hof lag auf dem Hügel, sodass man gefährlichen Besuch schon von Weitem sehen konnte. Vielleicht konnten die Fremden im Haus helfen. Auch er selbst musste sich tagsüber verstecken, man wusste, dass er zur »Familie« gehörte und suchte ihn. Und so ergab es sich, dass die Cohns zusammen mit der Frau, der Großmutter und den fünf Kindern ihres Retters im Haus der Caratozzolos Unterkunft fanden.

Die Familie Cohn und ihre Freunde blieben bei der Familie, bis ein Jahr darauf die US-Armee nach Sizilien auch in Kalabrien einmarschierte. Als die Cohns sich von ihren Gastgebern verabschiedeten, ließen sie zum Dank und als Bezahlung für Unterkunft und Essen ein Paket zurück. Es waren die in Packpapier eingeschlagenen 1200 Gold-Bonds der Hannoverschen Landesregierung. Da niemand wusste, was das genau ist und ob die Papiere etwas wert waren, legte man sie in einen Koffer in der Abstellkammer. Und vergaß sie.

So schilderte der Sohn von Caratozzolo, Pasquale, in einer Zeugenaussage später, wie seine Familie in den Besitz der Schuldverschreibungen gekommen ist. Was aus den Cohns und ihren Begleitern geworden ist, ist unbekannt.

Pasquale verließ mit knapp 14 Jahren seinen Heimatort und heuerte auf einem Kreuzfahrtschiff als Küchenjunge an. Er arbeitete sich zum Kochgehilfen und Serviceleiter hoch, fuhr 20 Jahre auf Linien- und Kreuzfahrtschiffen und kam schließlich in die USA. 1964 heiratete er, wurde amerikanischer Staatsbürger und ging an Land.

Als seine Mutter 1988 starb, besuchte ihn sein Vater in New

York. Er brachte die Schuldverschreibungen mit. Der Vater wusste nicht recht, was er damit anfangen sollte. Er fragte in der deutschen Botschaft nach, ob das etwas wert sei, und erhielt die Auskunft, in den USA könnten Ansprüche aus den Bonds geltend gemacht werden. Pasquale, der zwar wusste, wie man ein Restaurant leitet und eine gute Zabaione rührt, kannte sich in Geldgeschäften gar nicht aus. Aber er kannte einen italienischen Landsmann, dem das Bankgewerbe angeblich vertraut war und der wiederum jemanden kannte, der einen Anwalt in Cleveland kannte, der als Spezialist für solche Sachen galt.

Alle inzwischen Beteiligten vermuteten in der Sache das Geschäft ihres Lebens, und jeder wollte an den Gold-Bonds verdienen, immerhin handelte es sich um nominell 1200 Bonds mit je 1000 Dollar Nennwert zu sechs Prozent Zinsen über 30 Jahre: eine hübsche Summe von mindestens sieben Millionen US-Dollar. Um es für den Anwalt nicht zu kompliziert zu machen, gab sich der Bote als Besitzer der Papiere aus und benutzte den Namen Caratozzolo.

Ich flog mit nichts als Versprechungen in Sachen Provision nach Deutschland zurück. Todt versicherte mir, das Geld sei schneller in Deutschland als ich. Um wenigstens etwas in der Hand zu haben, sagte ich Todt zu, mich in Sachen Gold-Bonds kundig zu machen.

Wenn die Papiere echt waren, gab es tatsächlich Ansprüche. Sie leiteten sich aus einem Gesetz von 1952 ab, wonach der deutsche Staat Schuldverschreibungen akzeptierte und erstattete, wenn bestimmte Voraussetzungen erfüllt waren. Unter anderem mussten die Papiere echt sein. Um das zu prüfen, mussten sie der zuständigen Landeszentralbank Stück für

Stück vorgelegt werden. Zum anderen musste derjenige, der die Papiere einreichte, belegen können, dass er der rechtmäßige Eigentümer ist.

Daniel Todt hielt es offenbar für eine clevere Idee, einen jüdischen Anwalt, also mich, zu beauftragen, bei den deutschen Behörden vorstellig zu werden. Ich beließ es bei einer Beratung. Todt ließ umfangreiche Aussagen der italienischen Mandanten anfertigen, die die abenteuerliche Geschichte der Bonds plausibel erscheinen lassen sollten. Zur Probe wurden dann auch ein paar Dutzend der Schuldverschreibungen bei der Kölner Sparkasse eingereicht, um festzustellen, ob die Banken die Papiere akzeptieren würden.

Als die Bank die ersten Papiere akzeptierte und mitteilte, dass alle Bonds treuhänderisch hinterlegt werden sollten, um geprüft zu werden, und dass die Antragsteller persönlich in Deutschland erscheinen sollten, wurden die italienischen Mandanten nervös. Kleinlaut musste Herr Caratozzolo eingestehen, dass er eigentlich Salvatore Celestino heißt und nur im Namen des Besitzers aufgetreten sei. Aber keiner der italienischen Gold-Bonds-Eigner war bereit, mit den Papieren nach Deutschland zu fliegen. Man fürchtete, die Papiere würden gestohlen, beschlagnahmt, der Bote könnte verhört, verhaftet, bestraft werden. Ich hatte einen anderen Verdacht: Der größte Teil der Papiere war gefälscht und die Geschichte mit der Familie Cohn von vorn bis hinten ausgedacht.

Daniel Todt kümmerten meine Bedenken nicht. Für ihn war das nur ein Teil der großen Weltverschwörung. Er sagte mir am Telefon, dass die »Italiener« sauer seien und man ihm gedroht habe. Ich fragte wieder nach der Provision, die immer noch nicht eingetroffen war. Er machte es wieder geheimnisvoll und raunte, dass er kurz davorstünde, die ganz große Geschichte mit dem Geheimfonds aufzudecken. Mächtige Gegner wollten ihm seine Konten sperren und die Lizenz nehmen. Er lachte noch einmal, bevor er auflegte. Das war das Letzte, was ich von ihm hörte.

Strongsville, Ohio, USA, 9. Juni 2001
»Eine vierköpfige Familie wurde am Freitagmorgen in ihrem Haus erschossen aufgefunden. Es handelt sich offenbar um einen Mitnahmeselbstmord. Nach Polizeiangaben wurden die Toten von einem Freund der Familie in dem unverschlossenen und verlassenen Haus entdeckt. Die Polizei vermutet, dass Daniel Todt, 45, seine 48-jährige Frau Rebecca und die Kinder Dominique, 16, und Nathaniel, 13, tötete, bevor er sich selbst das Leben nahm. Neben der Leiche von Todt fand man die Tatwaffe. Todt und seine Frau waren beide Anwälte. Ein Abschiedsbrief wurde nicht gefunden.

Ecos blindem Bibliothekar Jorge von Burgos gelingt es mit seinen heimtückischen Morden nicht, das Lachen zu töten. Als er erkennt, dass das Lachen siegen wird, legt er Feuer in der Bibliothek und vernichtet sie.

PIDYON SHVUYIM – GEFANGENENBEFREIUNG

Die Ya-ku-za hält Wort, und die Frommen waschen Geld

Für den Verschwörungstheoretiker ist alles plausibel, was uns unverständlich erscheint. Ja, dass wir nicht verstehen und wahrscheinlich an seinem Verstand zweifeln, ist geradezu Teil des Komplotts. Die Wahrheit wird von dunklen Mächten – wahlweise Außerirdische, »das Kapital« oder der Klerus – als Fantasie, als unhaltbares Gerücht verkleidet. Das scheinbar Zusammenhanglose bildet aber sehr wohl ein Ganzes, das wir nur nicht erkennen, weil wir einer vorgegebenen Rationalität anhängen. In Wirklichkeit ist die vermeintliche Wahrheit ein Gerücht, ist alles ganz anders, als es scheint.

Nein, da halte ich mich lieber an eine ganz andere Weisheit: Der alte Dajan ruft einen neuen Rabbiner zu sich, seufzt bedächtig und sagt: »Mein Herz ist schwer und meine Zunge wie Blei. Ich habe ein Gerücht gehört über dich.«

»Es ist nicht wahr«, ruft der junge Rebbe erregt. »Ich kenne das Gerücht. Es ist kein Wort davon wahr!«

Empört richtet der Dajan sich auf. »Wahr soll es auch noch sein? Ist es nicht schon schlimm genug, dass es überhaupt ein Gerücht gibt?«

Es wäre schön, wenn die folgende Geschichte nur ein Ge-
rücht wäre.[5]

»Vermeidet es, euch auf dem Weg zu beunruhigen, indem ihr
große Schritte nehmt oder in der Nacht reist.« Yosef, Yakov
und Yoel beteten, und Yosef sagte: »Ich hörte von Rabbi Josef
Weinberg, möge Hashem ihm Gesundheit schenken, dass der
Rabbi von Lubawitsch sagte: ›Wer ein Kapitel Tanja studiert
und sich auf das Verständnis des Textes konzentriert, wird als
ein neuer Mensch in das Haus zurückkehren.‹«

Yakov widersprach: »Rede nicht von dem Lubawitscher, du
weißt doch, dass unser Admor ihn nicht mag.«

»Hast recht, aber der Rabbi Weinberg ist auch ein Dajan.«
Alle drei nickten. *Dajan*, Richter oder Weise, wollen sie selbst
einmal werden, alle drei. Da musste man die Unterschiede kennen, zwischen den Belz, Gur und Satmar. Yosef und Yoel gehörten zu den Satmar, Yakov kam aus einer Belzer Familie. Die
Chassidim, die Frommen, nannten sich nach ihren Heimator-
ten in Ungarn. Damit war aber gleichzeitig eine Zugehörigkeit
zu einem *Hof,* einer Gruppe, gemeint, die einem bestimmten
Rabbi folgte, der auf eigene Weise Tora und Mizwot auslegte.

Zwar waren es nur Kleinigkeiten, aber entscheidende, über
die man trefflich ein Leben lang streiten konnte. Noch gingen
sie jedoch zur *Schul*, mussten *Talmud, Tora* und die 613 *Mizwot*, Gebote und Verbote der *Halacha,* lernen und verstehen.
Sie mussten den Willen Gottes kennen. Sie lasen Psalmen und
beteten, um zu lernen, das Richtige vom Schlechten, das Wahre

---

5 In diesem Fall werden die Namen, die öffentlich mit dem Fall zu tun haben oder historische Personen sind, genannt. Alle anderen Namen wurden
geändert oder unkenntlich gemacht.

vom Falschen, das Gute vom Bösen, das Heilige vom Profanen, das Reine vom Unreinen und das Saubere vom Unsauberen zu unterscheiden. Und wenn sie freihatten, spielten sie mit denen, die keine Familie mehr hatten, eine Partie Schach.

Aber jetzt waren sie auf Reisen. Destination NRT, International Airport Narita, Japan.

Das Gepäckband am Flughafen von Tokio-Narita hatte sich noch nicht in Bewegung gesetzt. Zwanzig Stunden hatten die drei *Bachorim,* von Amsterdam Schiphol kommend, im Flugzeug gesessen, davor schon die Reise von New York nach Europa gemacht. Und davor der Weg von Williamsburg zum John F. Kennedy Airport. Sie hatten mehrmals die Welten wechseln müssen. Von ihrem *Schtetl* in Williamsburg, mit der Schul, den Synagogen und den kosheren Läden mit Bagel und Lachs, wo alle Satmar-Jiddisch sprachen und dasselbe trugen, in ein Land, wo ihre hohen Hüte und schwarzen Mäntel, die Kippa und die Schläfenlocken wirkten wie ein Bikini in der Synagoge. Jedenfalls sahen die Leute auf dem Flughafen sie an, als seien sie Aliens.

Die drei beteten das *Tefilat HaDerech:* »Herr, unser G-tt und G-tt unserer Vorfahren, möge es dein Wille sein, uns in Frieden zu leiten, unsere Schritte auf den Weg des Friedens zu richten und uns wohlbehalten zum Ziel unserer Reise zu führen. Behüte uns vor aller Gefahr, die uns auf dem Weg bedroht ...« Sie murmelten und wippten vor sich hin, und dieses Wiegen und Murmeln ging über in das Ruckeln und Grummeln des anlaufenden Gepäckbands, vor dem sie standen. Die anderen Reisenden lächelten oder ließen sich ihre Verwunderung über die drei Bachorim nicht anmerken und wandten ihre Aufmerksamkeit den vorbeigleitenden Koffern zu. Yosef holte einen Gepäckwagen, und nach und nach kamen ihre Koffer an. Sie hatten sechs Koffer in Amsterdam bekommen. Es waren Spezialanfertigungen mit Geheimfächern, in denen Antiquitäten versteckt sein sollten: Torarollen, Rimonin und Chanukkaleuchter; Judaica für die Synagoge in Kobe. Einiges sollte auf einer Kunstmesse in Tokio verkauft werden. Das hatte der Bruder gesagt, der ihnen die Koffer brachte. Die Geheimfächer waren dafür da, um Steuern zu sparen. Denn, so die Begründung: Sollten die Ungläubigen etwa an *kaddosch* (heiligen) Sachen verdienen?

Sie waren ausgewählt worden, die sakralen Dinge nach Japan zu bringen, weil sie die Besten ihrer Klasse gewesen waren. Einen Freiflug, Hotel und tausend Dollar Taschengeld sollte jeder an Botenlohn bekommen. Fast wären sie ohne die Judaica gereist, denn die Koffer kamen erst im letzten Augenblick, der Fahrer war im Stau steckengeblieben. Nun reihten sie sich bei der Immigration-Passkontrolle in die Reihe der »Aliens« ein. Sie zeigten ihre Pässe. Jeder Jude, auch wenn er in den USA lebt, kann einen israelischen Pass haben. Sie verstanden nicht, was die Beamten sagten, und lächelten. Als sie ihr Gepäck durch die Röntgenanlage schoben, fiel einem Zöllner etwas auf. Die Beamten diskutierten vor dem Bildschirm über das, was sie sahen. Ein Beamter wies ihnen schließlich den Weg in einen Raum, in dem nur ein Tisch stand. Die Zöllner fragten etwas, was sie nicht verstanden. Die drei schüttelten die Köpfe. Die Beamten sagten dann auf Englisch, sie sollten die Koffer öffnen. Jeder musste auf seinen Koffer zeigen, ihn öffnen. Eigentlich trugen sie alles, was sie brauchten, am Körper. Sie hatten Ersatzunterhosen und Hemden, lange schwarze Socken, den weißen Gebetsschal *Talitot*, Gebetsriemen und Zahnbürsten, aber vor allem heilige Bücher dabei. Yoel hatte einen Reiseführer eingesteckt, Yakov, was ihm gegenüber seinen

Brüdern ziemlich peinlich war, einen Thriller von John Grisham. In Yakovs Koffer nahm der *Streimel*, eine tortenförmige Pelzmütze, den meisten Platz ein. Die Koffer wurden geöffnet, untersucht und ausgepackt. Man hatte mit den X-Ray-Geräten die Geheimfächer entdeckt. Sie mussten die Mäntel ausziehen, und die Beamten untersuchten deren Taschen und Nähte sowie das Futter ihrer Hüte. Sie trugen dabei einen Mundschutz und Gummihandschuhe und fanden nichts, was verdächtig sein könnte.

Ein Beamter beschäftigte sich mit den leeren Koffern. Sie waren leer immer noch sehr schwer. Er klopfte und schüttelte ihn. Dann nahm er einen Cutter und schnitt das Futter auf, löste eine dünne Pappe vom Boden und sah hinein. Sorgfältig waren dicht an dicht kleine Pillen in Tüten am Kofferboden befestigt. Die drei Toraschüler sahen sich an. Yoel zuckte mit den Schultern. Die japanischen Zollbeamten lächelten nicht mehr.

Die drei 17-, 19- und 21-jährigen jungen Männer wurden verhaftet, auf dem Polizeirevier verhört und dann in Untersuchungshaft gebracht. Sie beteuerten, nichts von den Pillen zu wissen, und gaben zu Protokoll, nicht zu ahnen, worum es sich handelt. Die Beamten fragten immer wieder, woher sie die Koffer hatten und zu wem sie sie bringen sollten.

Eine chemische Analyse ergab, dass es sich bei den Pillen um die chemische Verbindung 3,4 Methylendioxyn-Methylamphetamin (MDMA) handelte. Überall in der Welt nannte man den Stoff *Ecstasy*. Da es sich um etwa 93 000 Pillen mit einem Gewicht von über 20 Kilo und einem Schwarzmarktwert von 3,6 Millionen Dollar handelte, ging es hier nicht um eine Bagatelle, sondern um ein Schwerverbrechen. Ein paar Jahre zuvor war eine Deutsche wegen 13 000 geschmuggelter Pillen in Tokio zu fünfeinhalb Jahren Gefängnis verurteilt worden.

Die drei Tora-Schüler aus Brooklyn waren das einfache Leben und nicht das Paradies gewöhnt. Was sie jedoch nach ihrer Verhaftung erlebten, entsprach an Qualen etwa dem, was sie von der Hölle wussten. Nur war die Hölle hier anders, als die Rebbes erzählt hatten. Keine Finsternis und kein Feuer, keine Hitze, kein Geschrei und kein Gestank. Es war hell und still und immer gleich. Wenn der Wärter in die Zelle kam, mussten sich Yakov und die anderen mit dem Gesicht zur Wand stellen. Sie hatten dünne Decken auf harten Futons und nichts zu lesen. Ein Raum ohne Fenster, der zum Flur hin vergittert war, eine Pritsche, eine Bodentoilette. Aus. Sie mussten ihre Gebete aus dem Gedächtnis repetieren und durften nicht laut sprechen. Beim Verlassen der Zelle mussten sie auf einem gelben Strich gehen, und waschen durften sie sich dreimal in der Woche. Aber nur das Gesicht. Blickkontakt zu anderen Gefangenen war untersagt. Das Schlimmste war allerdings das Essen. Alles war *treife,* nicht koscher und nicht nach den Vorschriften hergerichtet. Wenn sie nicht seelischen und körperlichen Schaden nehmen wollten, durften sie das nicht essen. Sie verlangten koscheres Essen und bekamen Miso-Suppe, Reis, sauren Kohl und fettes Schweinefleisch. Die Wärter sahen sie an und nahmen die unberührten Blechtabletts wieder mit. Gelegentlich gab es einen Apfel oder etwas Salat. Wollte man sie verhungern lassen? Einmal in der Woche durften sie duschen. Sie mussten sich ausziehen und hinhocken. Neben ihnen kauerten japanische Männer, dicke Männer mit bunter Haut. Einer hatte das Tattoo eines riesigen Karpfens auf dem Rücken. Das Bild des Fisches reichte ihm von den Schultern bis zum Oberschenkel. Yoel hatte noch nie nackte Männer gesehen. Die Männer mit den Karpfen und Drachenköpfen auf der Brust lachten, als sie die bleichen Jungs sahen. Die Wärter schnauzten sie an und lachten dann selbst.

Die Nachricht von der Verhaftung der drei Bachorim in Japan verbreitete sich in der Satmar-Gemeinde im New Yorker Stadtteil Williamsburg, in Antwerpen, London, São Paulo, in Jerusalem rasend schnell. Man war entsetzt über die Anmaßung der japanischen Behörden, die Schüler zu verhaften. Allen war klar, dass der Vorwurf des Drogenschmuggels eine Unterstellung, ein Irrtum, eine Verschwörung oder Verwechslung sein musste. Der Admor der *Kahal Jetew Lew d'Satmar* beriet in den führenden Kreisen der Gemeinde, was zu tun sei, und kam zu dem Ergebnis, dass *pidyon shvuyim,* eine Gefangenenbefreiung, nötig sei. Wer das zu tun bereit wäre, dem würde für immer die größte Verehrung entgegengebracht werden. Sich daran beteiligen und einen Teil der Ehre erlangen könne aber auch jeder, der seine Hand aufmacht, sprich Geld gibt. Es sollten die besten Anwälte in Japan mit der Befreiung der Schüler beauftragt werden. Jeder in der Gemeinde wusste, dass Anwälte teuer sind und jeder sein Scherflein beitragen musste. Man würde sicher auch Lösegeld bezahlen müssen. Dass ein rechtsstaatliches Verfahren für Gerechtigkeit sorgen könnte, daran glaubten sie nicht.

Nun gehörte es schon immer zu den Geboten der Gemeinde, dass der, der hat, auch gibt. Und der, der gibt, ohne sich selbst zu nennen und den anderen zu kennen, der Ehrenwerteste ist. Die »Macher«, man kann sie als Gemeinde-Netzwerker oder Makler für alles bezeichnen, begannen die *Tzedaka,* die Almosen, einzusammeln. Eine gute Gelegenheit waren Hochzeiten, wie die von dem Sohn des Partners von Herrn Sch., der wiederum einer der reichsten Satmar war und mit seinen Kaufhäusern praktisch den Handel mit Haushaltsbedarf in New York beherrschte. Während die Braut auf dem Brautsessel Platz nahm, um fotografiert zu werden, begannen Freunde der Gefangenen, bei den Gästen zu sammeln. Das war nicht fein, denn bei einer Hochzeit sollte doch die Aufmerksamkeit dem Brautpaar gelten, das siebenmal herumgeführt wird, bis der *Mesader Kiddushin*, der Hochzeitssegen, gesprochen, das Glas zertreten wird und die Musik beginnt. Die Spendensammler drangen auch bis zu Herrn Sch. vor, der sich aber in der Feier gestört fühlte und ärgerlich sagte: »Bevor die drei Jungen nicht in Israel sind, bekommt ihr keinen Cent! Aber wenn sie in Israel ankommen, werde ich alles bezahlen. Die Anwaltshonorare und, wenn nötig, das Lösegeld, das in Japan bezahlt werden muss.« Die frohe Kunde machte die Runde, man nickte zustimmend und ließ die Freunde umso eifriger sammeln.

Aber die Sache war zu ernst, als dass man sie allein mit der Sammelbüchse erledigen konnte. Man berief eine Versammlung ein, und Hunderte Männer der Gemeinden versammelten sich in der Chay Hall im Boro Park zum Gebet, zu Gesang und Aufrufen. Nun muss man wissen, dass die Satmar wie die Lubowitscher, Belz und die anderen Chassidim eine ultraorthodoxe Sekte des jüdischen Glaubens sind, deren Mitglieder sich ausschließlich nach dem Willen Gottes richten, wie er seit hunderten Jahren in *Tora, Talmud, Halacha* festgehalten ist und von ihren Rebbes ausgelegt wird. Weltliche Gesetze gelten ihnen nichts, wenn sie nicht für sich zu nutzen sind. Die Verfassung der USA gewährt Religionsfreiheit in so extremem Maße, dass sie daraus schließen, sie müssten sich weder an die Straf- noch an die Steuergesetze halten. Sie erkennen nur die eigenen Gerichte an, haben einen eigenen ärztlichen Notdienst, folgen eigenen Gesetzen und lassen die *Shomrim*, eigene Hilfspolizisten, durch den Bezirk patrouillieren und Sünden ahnden. Und wenn es nur die ungebührliche Kleidung von Mädchen ist. Sie sind viele, über Hunderttausend sagt man, die in Williamsburg und Kiryas Joel leben und Geschäfte machen.

Die Männer tragen zu ihren *péjeß*, Schläfenlocken und Bart, zu jeder Jahreszeit lange schwarze Mäntel, Kippa und Hüte, wie sie die Alten schon in Ungarn oder Polen getragen haben. Zu Festtagen und bei Versammlungen setzen sie den *Streimel* auf, einen kreisrunden Hut, der mit seinem geraden Rand wie eine Nerztorte aussieht. Die verheirateten Frauen tragen lange Kleider und verbergen ihre kahl geschorenen Köpfe unter Kopftüchern oder Perücken. Alle sprechen eine Mischung aus Jiddisch und Englisch, das nur die Mitglieder der Sekte verstehen. Fernsehen, Internet und alle anderen Formen moderner Unterhaltung sind verpönt. Dafür folgen sie der Aufforderung: »Seid fruchtbar und mehret euch.« Das Kinderkriegen ist, so scheint es, die eigentliche Rache an Hitler, der versucht hatte, die Juden zu vernichten. Und es gibt noch eine andere Botschaft, die lautet: »Es gibt keinen Menschen, der frei ist, es sei denn, er widmet sich dem Tora-Studium.« Viele von ihnen sind frei, denn sie tun nichts anderes, als religiöse Schriften zu studieren. Mindestens zwei bis drei Stunden am Tag, wenn es geht, länger. Wer »unfrei« ist und einer Beschäftigung nachgeht, arbeitet entweder in einem der Kaufhäuser des Bruders Sch. in Manhattan, als Diamantenhändler oder macht »Geschäfte« und »Besorgungen«. Ansonsten machen die Frauen die Arbeit, kümmern sich auch um die Kinder, denn Kinder sind ein Segen. Sie haben alle viele, sechs, acht, zwölf Kinder. Zwölf ist eine gute Zahl in der *Kabbala*, der mystischen Weisheitslehre, die in Zahlen Weltgeheimnisse verborgen sieht. Sie steht für diejenigen, denen kein Opfer zu groß ist. Die Drei entstand aus Gut und Böse und hat von beidem etwas. Und wenn das Geld nicht reicht, gibt es immer jemanden in der Gemeinde, der hilft, denn Almosen geben ist eine Ehre und Geld nach ihren Regeln dazu da, ausgegeben zu werden.

Die drei Bachorim in Japan mussten freikommen. Dass sie nicht beten und studieren konnten und kein koscheres Essen bekamen, das war Folter. Die Redner im Boro Park beschworen die Qualen, die die drei Schüler im japanischen Gefängnis erleiden mussten, und schworen auf alles, was ihnen heilig ist, sie zu befreien. Wer sie befreien würde, dessen Name würde auf immer rühmend genannt werden. Der Rebbe Chaim David Yosef Weiss, Dajan in Antwerpen, war extra gekommen, um die Gemeinde im Kampf zu einen. »Diese drei Jungen zahlen den Preis für uns alle«, rief er in den Saal, und der Saal antwortete mit: »So ist es, so ist es.« So wie Gott die Juden mit dem Holocaust bestraft hatte, weil sie so anmaßend waren, vor der Wiederkehr des Messias einen Judenstaat gründen zu wollen, bestrafte er die drei nun, weil sie fromm waren. Ein empörtes Stöhnen ging durch die Reihen im Boro Park, und nur gut, dass die Rebbes, einer nach dem anderen, die richtigen Worte fanden, man gemeinsam singen und beten konnte, sonst wären das Unrecht und die Schmach nicht auszuhalten gewesen.

Ein Komitee unter der Leitung des Admor wurde gegründet und ein Anwalt der Orthodoxen, nennen wir ihn Israel, in den Fernen Osten geschickt. Der wandte sich dort an die bekannteste Kanzlei für Strafrecht und ersuchte um eine Besuchserlaubnis bei den Gefangenen. Als er die jungen Männer zum ersten Mal sah, erschrak er. Die Wohlbehüteten waren nicht nur blass, sondern auch schmal geworden. Keine Bagel, kein gefilte Fisch, kein Challa. Sie hatten 20 bis 30 Kilogramm abgenommen und gaben ein Bild des Jammers ab. Sie weinten, als sie den Anwalt sahen. Auch diese Meldung ging schnell um die Welt und rührte die Gemeinde, regte Sänger zu Liedern und die Brüder zu Gebeten an.

Die Staatsanwaltschaft in Tokio hatte einen Übersetzer, Herrn Hika Essai, bestellt, um die Verhöre und Gespräche mit Yosef Banda, Yakov Greenwald und Yoel Goldstein vom Hebräischen ins Japanische und zurück zu übersetzen. Man verhörte die Schüler vierzehn Tage lang, ließ Lügendetektorbefragungen durchführen. Das Protokoll war bald 2500 Seiten stark. Man bekam heraus, wer ihnen die Koffer und den Auftrag in Amsterdam gegeben hatte. Als der Anwalt Israel den Namen des Auftraggebers hörte, wurde er so blass wie seine Mandanten. Es war Mr. Bentzy, eine Abkürzung von Ben Zion Miller, der die drei angeworben und ihnen in Amsterdam die Koffer und das Geld gegeben hatte. Wie hätten sie auch ablehnen können? Miller war nicht irgendwer, Miller war Satmar, er war sogar ein besonders vertrauenswürdiger Bruder, denn er war der persönliche Vertraute und Fahrer des Satmar Rebbe von Kiryas Joël, Aaron Teitelbaum, dem Admor der Gemeinde.

Aaron Teitelbaum war der Sohn von Moshe Teitelbaum, dem Neffen von Joël Teitelbaum, dem über alles verehrten Admor, der die Gemeinde von dem ungarischen Satu Mare in die Neue Welt nach New York geführt hatte. Er hatte mit Gottes Fügung und einigen Getreuen die Verschleppung von Budapest nach Bergen-Belsen überlebt, war durch Gottes Willen vor dem Konzentrationslager Auschwitz bewahrt geblieben. Dass er auf den Zug durch die Entscheidung des Zionisten Reszö Kasztner kam, der ihn und über 1670 andere ungarischen Juden von

Eichmann freikaufte, war seine Bestimmung. Kasztner war nur Gottes Willen gefolgt. Der Rebbe konnte mit dem »Kasztner-Zug« in die Schweiz fahren und überlebte den Holocaust.

Nach dem Krieg reiste er nach Jerusalem, wollte aber mit den Zionisten nichts zu tun haben. Er wollte kein Teil der Gotteslästerung sein, die die Juden ins Verderben und zur Shoa geführt hatte. Außerdem herrschte 1946 in Jerusalem Krieg zwischen Juden und Arabern, ein spirituelles Leben war nicht möglich. New York erschien ihm daher der richtige Platz. Während die Juden der Welt nach Palästina strebten, um den Staat Israel zu gründen, verließ er das Gelobte Land und ging mit seinen Getreuen ins Land der unbegrenzten Möglichkeiten, nach New York. Dort gründete er seinen *Hof* neu. Die amerikanischen Gesetze erlaubten, dass sie sich als eigenständige Glaubensgemeinschaft etablieren konnten. Aaron lag seit dem Tod seines Vaters mit seinem Bruder Zalman im Streit um die Nachfolge als Oberhaupt der Gemeinde. Im Kampf um die Befreiung der Bachorim sollte sich erweisen, wer der Ehrenwerteste von ihnen war.

Bentzy Miller wurde aufgrund der japanischen Ermittlungen in Israel verhaftet. Schnell kam man ihm auf die Spur, dass er Geschäfte mit Abraham Malachi gemacht hatte. Der wiederum war ein Soldat des größten Mafia-Clans Israels, der im internationalen Drogen- und Geldwäschegeschäft unterwegs war. Gegen Miller wurde wegen Drogenschmuggels Anklage erhoben, und die Satmar stellten ihn in Abwesenheit zusätzlich vor das *Bet Din,* das Tribunal der Gemeinde. Die *Jeschiwa* befand, dass Miller die drei unwissenden und unschuldigen Bachorim benutzt hatte, um seine schändlichen Geschäfte zu machen.

Man erkannte auf die einzig mögliche und höchste Strafe der Gemeinschaft: *Cherem*, den Bann. Miller wurde nicht nur verboten, in der Synagoge zu beten, sondern er durfte kein Gemeindehaus mehr betreten und mit keinem Gemeindemitglied verkehren. Das Tribunal erklärte faktisch seinen sozialen Tod. Wenn ein Gläubiger, der vorher ausschließlich unter Gläubigen gelebt hat, von seiner Gemeinde, von allen Kontakten und Gebeten ausgeschlossen wird, ist er seiner Welt, seiner Religion und dem Leben beraubt. Miller wurde als Sünder gebrandmarkt, jede Unterstützung wurde ihm entzogen. Und da er bereits von staatlichen Behörden verhaftet worden war, kam auch die *Mesirah* nicht zur Anwendung, die Vorschrift, die es einem Juden verbietet, einen anderen Juden an die weltliche Justiz auszuliefern.

Für das, was geschehen war, musste niemand in der Gemeinde die Verantwortung übernehmen. Das Geschrei über die Ungerechtigkeit der Welt schwoll gleichzeitig an, und es schien, als solle es von anderen Dingen ablenken. Denn so einzigartig, wie das Ereignis mit den drei Studenten dargestellt wurde, war es in Wahrheit gar nicht. Schon öfter hatte man Chassidim als Geldkuriere erwischt, mal mit 180 000 US-Dollar, mal mit 250 000. Einem Kurier war das FBI gefolgt. Er war direkt in die Schul *Bne Zion* gegangen. Dort hatte man das Geld unter die Almosen der Synagoge gemischt und auf eine Bank eingezahlt. Man entdeckte, dass von Gemeindemitgliedern säckeweise Geld zur Bank gebracht wurde, *Besorgungen* eben. Für die Schule blieb regelmäßig ein Scheck von 30 000 Dollar, mal mehr, mal weniger. Die Synagoge als großes Klärwerk vom schmutzigen Geld der Ungläubigen, das einem guten Zweck zugeführt wird.

Ein anderer Chassid wollte 180 000 Ecstasy-Pillen an einen Zwischenhändler verkaufen, der sich als FBI-Agent entpuppte. Und immer wenn einer von ihnen verhaftet wurde oder unter

Verdacht geriet, kamen bald die teuren Anwälte aus Manhattan, um sie zu *befreien,* stellten Kaution und schafften es irgendwie, dass sich Zeugen an nichts mehr erinnern konnten. Als der Rabbi Nechemya Webermann wegen sexuellem Missbrauchs von Mädchen angezeigt wurde, geschah etwas, was man sonst nur aus Mafiageschichten kennt. Die Eltern wurden erst bedroht, dann bot man ihnen Geld, Cousinen sollten von der Schule verwiesen werden, man wurde freundlich belehrt und unter Druck gesetzt. Am Ende wollte oder konnte sich kein Zeuge mehr richtig erinnern, sodass die meisten Verfahren irgendwann eingestellt werden mussten. Das FBI hat, wie mir ein Beamter in New York sagte, sogar eine eigene Ermittlungsgruppe eingerichtet, die mit über eintausend Personen und noch mehr Straftaten aus dem Umkreis der Chassidim zu tun hat.

Wenn man eins und eins zusammenzählte, konnte man auf die Idee kommen, dass zwischen den *frommen* Kurieren, die zwischen Brasilien, Mexiko und Miami, Moskau, São Paulo, Bogota und Jerusalem hin- und herflogen, und dem vielen Geld, das nachts in Säcken in Hintereingänge von Banken geschafft wurde, sowie zwischen plötzlichen Todesfällen und den immer gut gefüllten Gemeindekassen ein Zusammenhang bestand.

Sollten die Haredim den ihnen gewährten Respekt und Schutz tatsächlich auf diese Art und Weise missbrauchen? Die Wiedergeburt der *Kosher Mafia* unter dem Streimel?

Als ich 2009 gefragt wurde, ob ich in der Sache aktiv werden könne, saßen die drei Tora-Schüler bereits zehn Monate im japanischen Gefängnis. Außer vereinzelten Besuchen von Angehörigen, die ihre Söhne nur hinter Glasscheiben sehen durften, hatte man nur stattliche Stundenrechnungen der Anwälte in Tokio und Spesenrechnungen für Hotel und Flüge produziert. Hinter den Kulissen der Satmar-Gemeinde rumorte es. Mit großem Trara die baldige Befreiung der Jeschiwas anzukündigen und dann nur weinende Mütter zeigen zu können war eine Schande.

Mit den üblichen Methoden, wie sie vielleicht in New York funktionieren – mit Geld, Beziehungen und Druck –, kam man nicht weiter. Es war abzusehen, dass bald der erste Prozess stattfinden würde und die jüdischen Studenten auf Nimmerwiedersehen in einem japanischen *Correction Camp* verschwanden.

Der Anrufer stellte sich als Admor der Satmar vor. Er klang recht verzagt, sagte, man habe ihm berichtet, dass ich der Mann für die hoffnungslosen Fälle sei. Die Hoffnungen der Gemeinde würden auf mir liegen, und ich könne haben, was ich wolle, wenn ich die *Schwuin* befreien würde.

»Schwuin?«, fragte ich. »Schwuin sind Kriegsgefangene.«

»Nehmen Sie es als unseren Krieg«, sagte der Admor. »Sie bekommen, was sie brauchen.« Tatsächlich erschien bald ein Bote von Rabbi Eisenbach, dem »Macher« in dieser Sache. Er erklärte mir, worum es ging, und brachte mir die Vollmachten für die Vertretung der drei. Anschließend fuhr ich nach Jerusalem und erhielt dort vom Finanzverantwortlichen der Satmar zwei unterschriebene Blankoschecks. »Sie gelten jeweils bis zu eineinhalb Millionen Dollar«, sagte er mir.

In Tokio war mir nicht nur die Sprache fremd. Als Westler ohne Kenntnisse der Kultur und Sprache findet man weder eine Straße noch kann man entschlüsseln, was auf der Speisekarte steht. Ich wandte mich deshalb zunächst an die israelische

Botschaft, die mit aller Zurückhaltung auf die diplomatischen Grenzen ihres Tuns hinwies. So war ich wieder mal auf mich allein gestellt.

Aber die Kanzlei in Tel Aviv, in der ich Partner bin, hatte internationale Verbindungen. Auch nach Tokio. Und so wurde ich in Tokio von einem Mitarbeiter, den ich hier Herr Kato nenne, empfangen, der sich nicht nur gut auskannte, sondern auch über ein großes Netzwerk verfügte. Herr Kato war – möglicherweise – Sohn eines Angehörigen der Leibwache des Kaisers Hirohito.

Herr Kato organisierte als Erstes, dass ich einen Mitarbeiter des Gefängnisses treffe. Ich fragte den Mann, warum man in Untersuchungshaft kein eigenes Essen bekommen könne. Er sagte, dass er von dem Wunsch nichts wisse. Er wisse auch nicht, was *koscher* sei. Solche Ernährung sei nicht vorgesehen, die Küche könne das nicht leisten, man müsse einen Antrag stellen und die Verpflegung selbst organisieren. Manche Probleme sind einfach zu lösen. Andere schwieriger.

Herr Kato sagte, ich müsse einen Mann kennenlernen, der nicht nur das Verpflegungsproblem, sondern schlichtweg alles regeln könne. Aber bevor ich ihn treffe, müsse ich einiges wissen. Nicht nur, dass man bei jedem Besuch eine Visitenkarte dabeihaben sollte, die man aus Gründen der Höflichkeit mit beiden Händen und einer Verbeugung überreicht, sondern wie die japanische Gesellschaft funktioniert.

Also bekam ich nun einen Crash-Kurs in japanischer Sozialisation. Jedes Kind lernt von der Mutter und in der Schule, dass Gehorsam und Loyalität gegenüber den Älteren oberstes Prinzip ist. Man muss sich mitsamt seinen Wünschen und Trieben kontrollieren können und gegenüber Fremden sein *Omote*-Gesicht zeigen: dem Gegenüber zugewandt stehen, lächeln – das sei das ideale Gesicht, die saubere Seite. Aber es gebe auch die dunkle, schmutzige Seite, *Ura*. Bei der Kampfsportkunst des *Aikido* nennt man *Ura waza,* wenn jemand im Rücken des Gegners steht. Während *Omote* früher durch die *Samurai*, jetzt durch die Polizei repräsentiert wird, steht die *Ya-ku-za* für *Ura*, das Verbrechen.

Im Gegensatz zu westlichen Ländern, wo die kriminellen Organisationen, wie die Mafia, sich tarnen, im Verborgenen agieren, sind die Verlierer, so bezeichnen sie sich selbst, der *Ya-ku-za* Teil der Geschichte und der Gesellschaft Japans. Entstanden aus dem fahrenden Volk von *bakotos*, Glückspielern, Musikanten, fliegenden Händlern und beschäftigungslosen Soldaten, die es nicht schafften, zu den *Samurai*, also zur Polizei zu gehören, organisierten sie sich bereits im 17. Jahrhundert in *Kumi*, Banden. Im 18. Jahrhundert übernahmen sie mit Duldung der staatlichen Stellen die Ordnung auf den Märkten und galten als so etwas wie eine private Schutztruppe, deren Mitglieder durch gelegentliche soziale Hilfsaktionen, etwa bei Katastrophen, durchaus Sympathien genossen und eine Zeit lang den Ruf von romantischen Helden hatten.

Heute beherrschen sie die Bezirke der roten Laternen, die Prostitution, das Glückspiel, den Drogenhandel und kontrollieren die Diebe und Betrüger. Dort, wo eine *kumi* herrscht, gibt es außerhalb ihrer Kontrolle keine Kriminalität. Die Kriminalitätsrate in Tokio ist im Vergleich zu anderen Metropolen der Welt gering. Bis in die Neunzigerjahre des 20. Jahrhunderts waren die Mitglieder der *Kumis* in Mitgliederlisten verzeichnet, hatte die Banden in ihren Bezirken eigene Büros mit Adresse und Telefonnummer und gaben eine eigene Zeitung heraus. Einige der Kumis hatten über 20 000 Mitglieder und waren, wie die Kumi der *Yamaguchi-gumi,* in fast allen Präfekturen vertreten, während andere auf einen Ort beschränkt blieben und aus ein paar Dutzend *Verlierern* bestanden. Insgesamt hat die *Ya-ku-za* etwa 100 000 Mitglieder. Zum Vergleich: In den USA soll die Cosa Nostra 40 000 Mafiosi zählen.

Alle *Ya-ku-za*-Banden sind – wie die japanische Gesellschaft insgesamt – streng hierarchisch organisiert. An der Spitze einer *Ika*, eines Hauses, steht der *Oyabun* oder *Oibon*, der Vater, vergleichbar mit dem Paten bei der Mafia. Seine Soldaten nennt man Söhne, *Kabon*. Wer in ein *Ika* aufgenommen werden will, muss dem Oibon in einer traditionellen Zeremonie an einem geheimen Ort bedingungslose Loyalität schwören. Die Eidesformel in der Zeremonie, in der alle in Kimonos gekleidet sind, lautet: »Ich bin mit meiner Seele und meinem Körper der Familie des Oibon verpflichtet, auch wenn ich dadurch meine Frau und meinen Sohn hungern lassen und ich mein Leben opfern muss. Meine Pflicht gehört dem Haus des Vaters. Ich werde bis zum Tod keinen anderen Beruf haben. Der Oibon ist mein einziger Vater, und ich gehe mit ihm durch Feuer und Wasser.«

Ein Kabon durfte fortan nicht betrügen, stehlen, rauben oder die Frau eines Bruders verführen, er war zur Verschwiegenheit verpflichtet und musste die Sprache der *Kumi* sprechen. Um ein Kabon zu werden, musste er eine Lehre machen, das bedeutete, als Laufbursche arbeiten, Frauenarbeit machen, also waschen, putzen, kochen, die Benimmregeln lernen und sich bedingungslos unterwerfen. Wenn der Oibon sagt, der Himmel ist schwarz, dann ist er schwarz und nicht blau. Zum Zeichen der Verbundenheit mit seiner Kumi und seiner Leidensfähigkeit lassen sich viele Kabon tätowieren. Diese Tätowierungen – die oft von den Schultern bis zu den Knien reichen und auf traditionelle, schmerzhafte Weise mit einem Stab gestochen werden, zeigt man nicht, sondern verbirgt sie unter dunklen Anzügen und grauen Trenchcoats.

Einen *Ya-ku-za* erkennt man am Mantel, an der Sonnenbrille und dem wiegenden Gang der Kämpfer. Wenn ein Kabon sich nicht nach den Regeln verhält, kann er vom Oibon bestraft werden. Er muss dann etwa ein Glied des kleinen Fingers der linken Hand mit einem Schwert abtrennen. Bei schweren Verstößen wird ihm der Name genommen oder ein roter oder schwarzer Bann verhängt, das heißt im schlimmsten Fall: die soziale Ächtung und der Ausschluss von allen Kontakten, faktisch der soziale Tod.

Der Bann kam mir bekannt vor, hatte nicht die Jeschiwa in Williamsburg einen Bann gegen Miller verhängt? Auch die Organisationsstrukturen der *Ya-ku-za* und der Chassidim ähnelten sich. An der Spitze stand ein Oibon/Admor, der für Arbeit und Versorgung zuständig war und sich auf die Loyalität der Kabon/Chassid verlassen konnte. Man sprach eine eigene Sprache und folgte eigenen Gesetzen. Sogar die Geschäftsmodelle ähnelten sich auf gespenstische Weise. Das machte andererseits die Vermittlung zwischen den Gruppen einfacher, denn es gab klare Hierarchien und Entscheidungsträger.

Herr Kato zeigte mir die Orte, an denen die *Ya-ku-za* Ordnung hielten und ihr Geld verdienten. Die Kabons begleiteten uns und betrachteten besonders interessiert meinen Begleiter Micha, den ich bei dieser heiklen Mission um Unterstützung gebeten hatte. Micha war nicht nur Ermittler und Zeuge, sondern auch so etwas wie meine Lebensversicherung. Die Kabons spürten offenbar, dass sie es bei ihm mit einem Profi in Sachen Selbstverteidigung zu tun hatten. Wie zufällig arrangierten sie, dass wir in einen Salon kamen, in dem nicht nur getrunken und Poker gespielt wurde, sondern wo man auch seine Kräfte maß. Man veranstaltete Wettbewerbe im Armdrücken, und natürlich wollten die Kabons meinem ständigen Begleiter Micha zeigen, wer der Herr am Tisch ist.

Nachdem Micha die ersten Arme auf die Platte gepresst hatte, erschien ein ungewöhnlich großer und kräftiger Mann und wollte Micha zeigen, wer der Stärkste ist. Ich flüsterte Micha zu, er möge doch höflich sein und ein wenig nachgeben. Aber Micha sah mich nur an und sagte: »Das ist hier kein Spaß, nur wenn ich gewinne, werden sie uns in Ruhe lassen.« Na ja, ich wusste, dass Micha jeden Morgen im Gym des Hotels Hunderte von Kilo stemmte und sein Gegenüber schon ein Stahlbieger sein musste, wenn er ihn bezwingen wollte. Trotzdem war mir nicht wohl, denn wir waren zu zweit und unsere Gastgeber zwei Dutzend Fäuste stark. Doch Micha machte es ganz professionell. Er verbeugte sich, bevor er sich an den Tisch setzte, lächelte, als er die Hand des anderen nahm, und drückte fest. Sein Gegenüber schien erstaunt, denn er war so groß und stark, dass bisher keiner gegenhalten konnte. Aber er besaß keine Technik, sondern ausschließlich Kraft. Und dann war es auch schon vorbei. Micha knallte die Faust seines Gegenübers auf die Tischplatte, stand auf und verbeugte sich. Seitdem verbeugten sich die Kabon immer zuerst vor ihm, dann vor mir. Schließlich lernten wir in dieser Umgebung Herrn Miszubarin kennen, einen in der Hierarchie weiter oben stehenden *Ya-ku-za*. Er hörte sich unsere Geschichte an, fragte uns ein wenig aus und sagte, er würde sehen, was sich machen ließe.

Nach all diesen Vorbereitungen sagte Herr Kato einige Tage später, er würde mir gern den Oibon von Tokio vorstellen. Das war möglich, weil wir offenbar die Prüfungen überstanden hatten und Herr Kato im weitesten Sinne zur kaiserlichen Entourage gehörte, die auch für die *Ya-ku-za* als oberste Autorität galt. Natürlich luden nicht wir den Oibon, sondern er uns ein. Er erschien mit seiner Frau und seiner Lieblingsgeisha, das Lokal war das Beste, was Tokio zu bieten hatte. Er hatte es zu diesem Zweck komplett reservieren lassen, damit wir nicht gestört wurden. Es wurde ein schöner Abend mit feinsten japanischen Sashimi, Sushi und Dingen, die ich noch nie vorher gesehen und gegessen hatte. Zum Abschluss gab es besten Cognac und kubanische Zigarren. Über den Fall sprachen wir kein Wort. Erst beim Abschied sagte der Oibon: »Ich habe von den drei jungen Leuten gehört. Schlimme Sache. Wenn ich helfen kann, stehe ich Ihnen gern zur Verfügung.«

Der Oibon war ein freundlicher Mann, der in der Welt herumgekommen war. Als ich ihm bei einem Treffen in seinem Büro den Fall und die Probleme schilderte, lächelte er und bemerkte, das würde auch seinem Kenntnisstand entsprechen. Er fragte, ob es mich nicht wundern würde, dass niemand danach gefragt habe, wer die Drogen abnehmen sollte. Der Markt für solche Dinge sei in Japan klar geregelt. Es gebe keine Revierkämpfe oder Konkurrenz unter den verschiedenen Häusern. Hier hatte jemand von außen versucht, sich abseits aller bekannten Wege einen eigenen Markt zu schaffen. Das musste schiefgehen. Falls ich Gelegenheit hätte, sollte ich doch dem oder den Unbekannten sagen, dass man nur aufs Meer hinausfahren solle, wenn man sich mit den Sternen auskenne.

Dann machte er einen Vorschlag, um die Sache zu regeln. Man könne die Studenten auf zwei mögliche Arten befreien. Eine davon würde schnell gehen. Man würde eine Verlegung der Gefangenen in ein anderes Gefängnis veranlassen, und auf dem Weg dorthin würden sie verloren gehen. Ein Flugzeug würde sie auf die Philippinen bringen, und von dort könnten sie in einen Ort ihrer Wahl reisen. Die Kosten betrügen drei

Millionen Dollar pro Person. Lieferung erfolge innerhalb von 30 Tagen.

Mir blieb der Mund offen stehen, und ich sagte: »Ich bin für die andere Möglichkeit.« Und: »Damit will ich nichts zu tun haben.«

Der Oibon sagte, Plan B sei nicht billiger, dauere aber länger.

Die Nachricht, dass die Bachorim nicht mehr hungern mussten, ließ in Williamsburg die Gemeinde tanzen. Ich musste nach Israel zurück, denn über solche Summen konnte und wollte niemand am Telefon sprechen. Dort angekommen, informierte Micha die Mandanten über den Stand der Dinge. Die Aufregung war groß, denn die nötige Summe war dann doch erheblich höher als gedacht, man musste beraten, sammeln. Das dauerte Monate, während die Tora-Schüler weiter im Gefängnis saßen. Dem jüngsten der drei, Yosef Banda, war schon der Prozess gemacht worden, in einem Schnellverfahren wurde er wegen seiner Jugend nur zu fünf Jahren Gefängnis und einer Geldstrafe von 40 000 US-Dollar verurteilt. Den anderen beiden würde es, wenn nichts geschah, schlimmer ergehen.

Ich arbeitete derweil an einem eigenen Plan in Israel. Bentzy Miller, der in Jerusalem verhaftet worden war, versuchte sich einer Verurteilung zu entziehen, indem er sich wegen Depression in Behandlung begab. Ich wollte versuchen, die drei Bachorim als Zeugen zu dem Prozess gegen Miller zu laden. Die japanischen Behörden sollten auf diplomatischem Weg gebeten werden, die Reise der Gefangenen für die Aussage zu erlauben. Aber dazu waren einige Vorbereitungen zu treffen.

Es musste sichergestellt werden, dass sowohl der israelische Justizminister mitspielt als auch die japanische Justizverwaltung dem Verfahren zustimmen würde. Der Oibon sagte zu, in Japan alles vorzubereiten. Die »Befreier« in Williamsburg, Antwerpen und Jerusalem haderten wegen des Geldes und stellten immer neue Bedingungen. Während in Japan mein Wort reichte, verlangten die Satmar Sicherheiten. Schließlich wurde ein Vertrag zwischen einer »Firma« in Japan und dem Vertreter der Satmar, dem Dajan Weiss aus Antwerpen, aufgesetzt. Die Vereinbarung bestand darin, dass die »Firma«, Partei A, sich bei den japanischen Behörden darum bemühen werde, die beiden Gefangenen nach Israel auszuliefern, und dafür von Partei B, den Satmar, eine vereinbarte Summe bekommt. Der Vertrag wurde entworfen und verhandelt und liest sich so:

Die Parteien vereinbaren wie folgt:
Partei A wird für die unverzügliche und schnelle Befreiung der zwei jüdischen Gefangenen innerhalb von drei Wochen sorgen, nachdem die finanziellen Vereinbarungen (siehe Punkt 4) erfüllt sind.

Partei A ist verantwortlich dafür, dass die beiden Gefangenen nach ihrer Befreiung so schnell wie möglich nach Israel gebracht werden.

Partei B zahlt den Betrag von .... USD für die oben beschriebene Hilfe der Partei A.

Die genannte Summe wird in bar in Tokio bezahlt und bei einem von beiden Seiten akzeptierten Notar hinterlegt. Die Hinterlegung wird nicht später als bis zum 15.8.09 vollzogen.

Der Notar wird den hinterlegten Betrag auf Auftrag von der Partei B an die Partei A übergeben. Dieser Auftrag erfolgt schriftlich und enthält einen Code oder ein Passwort. Dieser

Auftrag erfolgt erst, wenn die beiden Gefangenen sicher in Israel angekommen sind.«

Die noch folgenden Punkte regelten, was passieren sollte, wenn eine Seite ihre Verpflichtungen nicht erfüllt, und legten den Gerichtsort London für Streitfälle fest. Der Vertrag unterschied sich in nichts von einer Vereinbarung über die Lieferung von Sojamilch oder Lastwagen, nur dass es sich hier bei den Vertragspartnern um die japanische Mafia und eine chassidische Sekte und bei dem Gegenstand um Verdächtige in Untersuchungshaft eines Rechtsstaats handelte.

Ich flog mit dem Vertrag nach Japan, wo der Oibon schon alles vorbereitet hatte. Ich traf mich mit ihm – sein kulinarischer Geschmack war nicht zu überbieten –, wir erzählten uns Geschichten, die wir in aller Welt erlebt hatten, und verhandelten über den Preis. Der Oibon schien Gefallen an mir und meinen Geschichten gefunden zu haben, und Michas Ruhm war zu allen Kabons vorgedrungen, sodass wir wohl nirgends sicherer waren als in Tokio. Zu guter Letzt erwies sich der Oibon auch noch als großzügig: Er wolle den Partnern entgegenkommen und nur eine Million pro befreite Person verlangen. Als der Vertrag unterzeichnet wurde – ein Japaner besiegelt einen Vertrag mit einem Namensstempel –, schenkte er mir seinen Stempel. Das ist ein großer Vertrauensbeweis, denn ich könnte – theoretisch – mit diesem Stempel in seinem Namen Verträge oder Briefe unterzeichnen.

Wenige Tage später bekam ich einen Termin im japanischen Justizministerium. Man war bereits über das Anliegen informiert und erklärte mir, was man bräuchte, um die Sache abzuwickeln. Der israelische Justizminister möge ein offizielles Schreiben an die Justizministerin Frau Keiko Chiba richten und um die Überstellung der Gefangenen bitten. Die Begründung solle lauten, dass es im Interesse beider Staaten sei, wenn im Prozess gegen den Initiator des internationalen Drogenschmuggels alle Fakten auf den Tisch kämen und so ein gemeinsamer Schlag im Krieg gegen die Dogenmafia gelingen könne. Außerdem solle man bitten, dass Yosef Banda, der bereits verurteilt sei, zur Verbüßung seiner Strafe nach Israel überstellt werde.

Ich notierte die Bitten und ließ sie an Yaacov Neeman, den damaligen Justizminister Israels, übermitteln. Er schrieb den entsprechenden Brief am 29. Januar 2010. Aber bereits drei Tage vorher bekam ich in meinem Hotel die Nachricht, dass die Studenten zur Überführung bereit seien. Hocherfreut informierte Micha Rabbi Eisenbach, den Macher der Satmar, damit er dem Notar das Geld anweisen konnte. Es war ein Freitag, und es ging um Stunden, denn es war ja ein Zug-um-Zug-Geschäft, Gefangene gegen Geld. Und schon am nächsten Tag, es war Schabbat, sollten sie fliegen. Aber den Juden ist der Schabbat heilig, und sie rühren an diesem Tag kein Geld an.

Die japanische Seite hatte ihre Zusagen eingehalten. Aus Antwerpen kam am Montag die Nachricht, das Geld stehe nicht bereit, es gebe Schwierigkeiten. Die Mitarbeiter des Dayan Weiss in Antwerpen sahen sich nicht in der Lage, zu zahlen. Der Deal platzte. Die Gefangenen blieben in Haft, ich hatte mein Gesicht verloren, der Oibon war verärgert.

Der Brief des israelischen Justizministers Neeman zeigte dann direkte Wirkung. Yosef Banda wurde im März 2010 nach Israel überstellt. Banda übernahm die gesamte Schuld und saß noch 14 Monate in einem israelischen Gefängnis.

Bentzy Miller wurde wegen Drogenvergehens zu drei Jahren Gefängnis verurteilt und saß die im Gefängnis Nitzan ab.

Yoel Goldstein kam im September 2011 und Yosef Greenwald im September 2012 nach Israel, also zweieinhalb Jahre nach ihrer möglichen Befreiung. Gezahlt haben die Satmar trotzdem, denn die japanischen Geschäftspartner sind zwar freundlich und korrekt, lassen sich aber nicht an der Nase herumführen. Die Warnungen, die, wie mir erzählt wurde, ein Bote dem Admor persönlich überbrachte, waren eindeutig. Abgewickelt wurde der Geldtransfer über die japanischen Anwälte, die zu Beginn so erfolglos waren.

Der Admor Teitelbaum in Williamsburg und Dajan Weiss in Antwerpen ließen es sich nicht nehmen, die *Pidyon shvuyim* der Bachorim in großen Festen in Jerusalem und im Boro Park zu feiern. Ihnen allein gebührten nun die ewige Ehre und der Ruhm. Den Rabbi Eisenbach, der all das Geld besorgt hatte, damit die Befreiung überhaupt finanziert werden konnte, beschuldigten sie der Untreue und wollten ihre Auslagen zurück. Da sie auch Michas und mein Honorar »vergessen« wollten, herrschte seitdem ein globaler Krieg unter den Satmar um Geld und Ehre. Und wenn jemandem die Ehre genommen wird, ist das schlimmer, als würde man ihm Geld nehmen. Für einen Macher wie den Rabbi Eisenbach war das existenzbedrohend. Und auch Micha und ich wollten uns nicht mit der Chuzpe des Dajans und des Admors abfinden. Wir begannen zu recherchieren und trafen auf offene Ohren und volle Münder. Es stellte sich heraus, dass der Admor über ein großes Finanzimperium herrscht, dass sich aus legalen wie illegalen Quellen speist. Die legalen Quellen sind die Spenden und Abgaben, die jedes Mitglied der Gemeinde zu leisten hat. Zwanzig Prozent aller Einkünfte gehören an die Gemeinde wie eine Art Steuer abgeführt. Hinzu kommen die Mieten und Einkünfte aus Besitz und Unternehmen sowie kostenpflichtige Zertifikate für koschere Lebensmittel und die Restaurants, bei denen nicht nur die Küche, sondern auch die Bücher geprüft werden. Die illegalen Einkünfte stammen offenbar aus einer umfangreichen und organisierten Zusammenarbeit – insbesondere bei der Geldwäsche – mit der Mafia und den südamerikanischen Drogenkartellen.

Als im März 2016 der 67-jährige Rabbi der *Kahal Jetew Lew d'Satmar*, Yitzhack Rosenberg, zusammen mit dem Diamantenhändler Chaim Parnes unbekleidet und tot an einem Nacktbadestrand ganz in der Nähe einer Bar des Mafia-Clans Gotti in Miami Beach gefunden wurde, schien für einen Moment auf, dass sich hinter der Organisation der *Frommen* ein bigottes Universum auftut.

Rosenberg war nicht nur einer der einflussreichsten Satmar in Williamsburg gewesen, er war auch Besitzer einer Baumarktkette und von über 40 Mietshäusern in Williamsburg – und zudem in diverse Unterweltgeschäfte verwickelt. Einige von ihnen wurden bekannt. Die ältesten reichen bis 1992 zurück, es ging um Versicherungsbetrug, Konkursverschleppung, Geldwäsche. 2001 war er, wie die *NY Daily News* berichteten, in ein Geldwäscheverfahren um einen Strip-Club verwickelt. So soll er, der auch im Führungskreis der Satmar in Jerusalem Einfluss hatte, 100 000 Dollar über die Konten der Gemeinde in Jerusalem gewaschen haben, die unschwer über einen Strip-Club in New Jersey zu John Gotti, dem Mafia-Paten, zurückzuverfolgen waren.

Trotz all dieser Verwicklungen in kriminelle Machenschaften blieb Rosenberg für die Satmar ein Ehrenmann und wurde auf dem Friedhof in Kiryas Joel, New York, neben dem Admor Joël Teitelbaum beerdigt. Die höchste Ehre, die einem Satmar gewährt werden kann. Bei der Trauerfeier gab es handgreifliche Proteste von Gemeindemitgliedern gegen die Beisetzung in der Nähe des Admors. Nicht weil Rosenberg dubiose Geschäfte gemacht, sondern weil er womöglich nackt gebadet hatte.

Micha fand dann durch weitere Recherchen heraus, dass die Satmar in Jerusalem eine schwarze Kasse führten. Offiziell, um Geld für die *Pidyon shvuyim* zur Verfügung zu haben. Tatsächlich wird über die Konten der Gemeinde Geld gewaschen. Nach meiner Kenntnis befinden sich unter anderem bei der *Hamizrachi Bank Tfachot* in der Ben Yehuda Street 12 in Jerusalem Gelder der orthodoxen Gemeinde auf Konten ausländischer Unternehmen und Stiftungen in der Größenordnung von etwa 1,5 Milliarden Dollar.

Besonders die durch die Shoa verfolgten Orthodoxen begründen ihr Verhalten und ihr Festhalten an den Traditionen mit dem Willen Gottes. Sie halten sich nicht an Gesetze und leben ihre Traditionen, ohne dass ihnen jemand reinredet. Der Staat Israel hat den Religiösen zum Beispiel die Gestaltung des gesamten Familienrechts überlassen und alimentiert die Frommen, obwohl diese Israel zu einem Gottesstaat machen wollen. Dass die Toleranz, die die ganze Welt aufbringt, um den Orthodoxen die Möglichkeit zu geben, ihren Glauben zu leben, von den führenden Kräften der Chassidim schamlos ausgenutzt wird, ist empörend und schadet meines Erachtens dem jüdischen Volk.

Ich sage das als Jude, der mütterlicherseits aus einer Rabbinerfamilie stammt und der sich sein Leben lang mit jüdischem Recht auseinandergesetzt hat. Geldwäsche im Namen Jahwes ist eine Schande. In diese Linie passt leider, dass die israelische Regierung im August 2016 etwas beschlossen hat, was dieses Verhalten deckt. Das amerikanische Parlament hat 2010 ein Gesetz verabschiedet und 2013 in Kraft gesetzt, das US-Bürger verpflichtet, ihre Auslandskonten den Finanzbehörden offenzulegen. Das Gesetz heißt »Foreign Account Tax Complian Act« und soll Geldwäsche und Schwarzgeldkonten von US-Bürgern im Ausland verhindern. Weltweit werden Banken aufgefordert, die Konten der US-Bürger offenzulegen. So auch in Israel. Nun gibt es aber eine regierungsamtliche Ausnahme. Konten der religiösen Stiftungen und Institutionen, wie die der Satmar in Israel, werden davon ausgenommen. Konkret heißt das, dass die Geldwäsche und die Schwarzgeldkonten der Chassidim unangetastet bleiben und die Geldwäsche für die Drogenkartelle über Jerusalem faktisch unangefochten weiter betrieben werden kann. Mithilfe der Regierung.

Wir müssen uns orthodoxe Synagogen und Schulen als Geldwaschmaschinen vorstellen.

Der Oibon von Tokio ist nach dem Desaster mit den drei Bachorim verschwunden. Als ich ihn im Frühjahr 2016 in seinem Büro in Tokio besuchen wollte, konnte sich niemand an seinen Namen und Verbleib erinnern. Als ich einen Anwalt fragte, wo er wohl sei, zuckte der mit den Schultern und blickte aus dem Fenster auf eine Stahlbetonbrücke, die gerade errichtet worden war. »Eine schöne Brücke«, sagte er.

KAPÓRE
Die vergiftete Erbschaft

Die Rolle des Sündenbocks übernimmt in der jüdisch-ortho-
doxen Tradition ein Huhn, ersatzweise ein Bündel Geld. Das
wird zu Jom Kippur über den Kopf geschleudert und dazu ein
Gebet gesprochen: »Dies soll Ersatz sein, mein stellvertreten-
des Opfer, meine Sühne. Dieses Huhn wird sterben, aber mir
soll ein langes, angenehmes Leben in Frieden zuteilwerden.«

Für die »Sünden« einiger Satmar musste offenbar der einst
so mächtige Oibon herhalten, obwohl er seinen Teil der Vereinbarung stets eingehalten hatte, während den »Befreiern« in
New York und Jerusalem ihr angenehmes Leben erhalten blieb.

Ein ähnliches Schicksal hatte schon Rudolf Kasztner erlitten. Er wurde vom Judenretter zum Volksverräter, zu einer Art
Sündenbock für die Versäumnisse derer, die sich aktiv gegen
den Holocaust hätten wehren müssen – so die Ansicht vieler
palästinensischer Juden, die den Kampf nicht gescheut hätten
und sich am Ende gegen ihre Feinde behaupten konnten.

In der folgenden Geschichte wird kein Sündenbock, sondern Vergebung gesucht. Jemand möchte mit Geld sühnen, was
er seinen Leuten einmal angetan hat. Der Versuch misslingt auf
tragische Weise und zeigt uns, dass Geschichte niemals vorbei
ist.

Als die Zeit zum Sterben kam, rief Viktor[6] seinen Neffen Jakov zu sich. Jakov lebte in Jerusalem und war, obwohl dreißig Jahre jünger als sein Onkel, auch schon ein Pensionär und nicht mehr bei allerbester Gesundheit. Viktor wohnte in einer Stadt, deren Altstadt Weltkulturerbe war und früher einmal eine bedeutende jüdische Gemeinde und ein jüdisches Ghetto in ihren Mauern beherbergte. Die Juden wurden von dort bereits im 16. Jahrhundert vertrieben und dann wieder 1938, als man in der Pogromnacht die jüdischen Geschäfte zerstörte. Jetzt gab es dort wieder eine Synagoge, einen jüdischen Friedhof und eine kleine Gemeinde, in der der Onkel die Kasse führte. Jakov fuhr zum ersten Mal in das Land, das seine Familie zerstört hatte, von der jetzt nur noch sein Onkel und er übrig waren.

Der Onkel war über 90 Jahre alt und hatte es dringend gemacht, sodass er keine Alternative hatte, wenn er ihn noch lebend sehen wollte. Er hatte den Onkel erst kennengelernt, nachdem sein Vater und seine Mutter gestorben waren. Für Jakovs Vater hatte sein Bruder gar nicht mehr existiert. Er war, so hatte er einmal mit knappen Worten erzählt, in den Feuern von Auschwitz verbrannt. Und dann hatte er nie wieder über ihn gesprochen und auch dann, wenn die Rede auf ihn kam, geschwiegen. So wie in Israel die Shoa zwar immer präsent, aber kein Thema war. Von der Zeit blieb eine sichtbare Wunde, die verschorft war, an der man aber tunlichst nicht kratzte.

Einige Tage nach dem Tod und der Beisetzung des Vaters war der Onkel überraschend in Jerusalem erschienen und hatte auf dem Friedhof das Kaddisch gesprochen. Weder beim ersten

---

6 Alle Namen wurden geändert.

Mal noch später hatten sie über die Vergangenheit und »das Wunder« seines Überlebens gesprochen, sondern nur über Jakovs Dienst in der Armee und wie die Geschäfte so gehen. Jakovs Vater musste gewusst haben, dass sein Bruder, der in Lublin auch auf den Namen Jakov getauft worden war, im Land der Mörder lebte. Wohl deshalb wollte er ihn nicht mehr sehen, denn er hatte sich nach der Meinung seiner religiösen Brüder mit dem Teufel ins Bett gelegt.

Und trotzdem hatte er seinem einzigen Sohn den Namen seines Bruder gegeben.

»Onkel, warum nennst du dich nicht mehr Jakov, sondern Viktor?«, hatte der Neffe ihn gleich beim ersten Treffen gefragt.

»Ach Jakovle«, antwortete er, »das ist wie die Geschichte von Esther, die Schönste aller Schönen, deren Onkel nur vor Gott und nicht vor dem persischen König in die Knie gehen wollte. Der Wesir des Königs Haman wollte deshalb alle Juden ermorden, aber der Mordplan wurde vereitelt, weil Esther sich als Jüdin zu erkennen gab und der König von der Loyalität des Onkels erfuhr. Der Verschwörer wurde gehängt und die Juden gerettet. Eine traurige Geschichte mit Happy End. Du weißt, wir feiern deshalb Purim. Ich war lange Jahre als der Jude Jakov im Lager. Ich habe den Grund der Hölle gesehen. Als ich Auschwitz überlebt hatte, war das wie eine Wiedergeburt. Ich ließ Jakov, der die Schuld des Überlebens auf sich geladen hatte, im Lager zurück, ausgehungert, kahl geschoren, vergast und verbrannt. Ich hatte überlebt und wollte ein neues Leben. Ich nahm einen neuen Namen an. Viktor – Sieger – nannte ich mich. Und dann habe ich auf dem Bahnhof einer kleinen Stadt Janka, meine große Liebe, getroffen, und wir sind einfach geblieben, weil wir dachten, der Ort bringt uns Glück. So war es auch. Wir waren nur eine Hand voll Juden dort. Und jetzt haben wir eine Synagoge. Es ist manchmal einfacher, etwas zu vergessen, als es mit sich herumzuschleppen.«

Jakov hatte genickt. Sachen, die passiert waren, einfach vergessen, das musste er auch. Das Unglück hatte einen Ort, das Glück konnte überall sein.

»Und was macht deine Arbeit?«, fragte der Onkel dann.

Auch Jakov sprach nicht gern darüber, was er getan hatte. Er war vor, während und nach den Kriegen Offizier der israelischen Armee gewesen, und als solcher hatte man zu schweigen gelernt.

Der Onkel verstand das und klopfte ihm anerkennend auf die Schulter. Stattdessen erzählte er von seinem kleinen Herrenbekleidungsgeschäft, das er in seiner hübschen Stadt mitten in Deutschland hatte und das ihn ernährte. »Anzüge brauchen die Leute immer«, sagte Viktor. »Und immer neue.«

Der Onkel wollte zum Ölberg, auf dem der Bruder in einem der begehrten weißen Gräber lag. Sein Bruder hatte sich gleich nach seiner Ankunft in der heiligen Stadt einen Grabplatz an den Hängen des Ölbergs gekauft. Er wollte einer der Ersten sein, wenn der Messias zurückkam. Inzwischen waren Gräber in dieser Lage unbezahlbar, und nur wer sehr reich oder sehr einflussreich war, konnte seinen nackten Körper hier bis zum Jüngsten Tag in ein Tuch gewickelt auf Kalkstein betten lassen. Vom Grab des Bruders aus sah Viktor das Goldene Tor der Stadt, das sich öffnen würde, wenn Jahwe zurückkam. Viktor holte einen Stein aus seiner Hosentasche, den er auf dem Hof der Synagoge in seiner Stadt aufgelesen hatte, und legte ihn auf die Platte mit dem Namen seines Bruders. »Möge der Allmächtige dich segnen unter denen, die um Zion und Jerusalem trauern«, murmelte er.

Danach verließ der Onkel während seines Besuchs das Haus in Jerusalem nicht mehr, obwohl er doch zum ersten Mal in

Stadt war. Sie verbrachten Schiwa, die traditionelle Trauerzeit, miteinander, lobten den Verstorbenen, aßen die hart gekochten Eier, die die Gesellschaft zur Tröstung der Trauernden aus der Nachbarschaft vorbeigebracht hatte. Er war bis zum Schabbes geblieben, sie hatten Schabbat gefeiert und waren dann doch noch in die Synagoge gegangen. Der Onkel wollte aber niemanden sehen und vermied es, die Alten und den Rabbi zu treffen. Jakov hatte angeboten, ein Essen für ihn zu geben, aber der Onkel hatte abgelehnt. Als befürchte er, jemanden zu treffen, den er kannte.

Und nun war Jakov auf dem Weg zum Onkel, der selbst im Sterben lag. Als das Flugzeug aus Tel Aviv in München zur Landung ansetzte, nahm in der Reihe vor ihm ein Mann mit Bart seine Kippa ab und steckte sie in die Jackentasche.

Das Erste, was ihm in Deutschland auffiel, war, dass alles so ruhig und aufgeräumt erschien. Er fuhr in die Stadt hinter den Bergen, die von einem Kirchturm gekrönt war. Besonders angenehm waren aber der Fluss, die Brücken und das viele Grün. Viktor hatte ihm eine Adresse gegeben, und als er dort ankam, stand Jakov vor einem Palast mitten in der Stadt. Das Altenheim war darin untergebracht und nannte sich Seniorenresidenz. Er wurde im Foyer erwartet. Nicht von dem Onkel, der gerade seinen Mittagsschlaf machte, sondern von einer Angestellten, die sich seit dem Tod seiner Frau Janka um Geschäft und Besorgungen für den alten Herrn kümmerte. Die Dame, Anfang 60, trug eine Dauerwelle und ein graues Kostüm und stellte sich als Frau Gelbstätter vor. Sie sagte, sie sei nur kurz aus dem Geschäft herübergekommen, um wie jeden Tag nach dem Onkel zu sehen.

»Wissen Sie, Herr Jakov, ich, besser mein Mann und ich kümmern uns ja praktisch seit Jahren um alles. Wir haben auch seinen Haushalt aufgelöst, als er hierherging. Ihr Onkel hat hier alles, was er braucht. Ich arbeite seit fast fünfzig Jahren bei ihm.«

Jakov war erleichtert, denn er hatte befürchtet, sich jetzt um seinen Onkel selbst kümmern zu müssen. Das wäre von Jerusalem aus eine fast unmögliche Aufgabe.

Frau Gelbstätter sah auf die Uhr und sagte: »Ich bringe ihm jetzt seinen Tee, und dann gehe ich wieder ins Geschäft. Er freut sich schon auf Sie. Aber erschrecken Sie nicht«, sagte sie. »Er redet manchmal etwas wirr.« Sie drehte den Finger neben dem Kopf als würde sie eine Locke in ihre Gedanken drehen. »Sie wissen ... das Alter.« Jakov nickte.

Das Haus, in dem der Onkel wohnte, war sehr gediegen. Es gab ein großes Foyer, fast wie in einem Hotel, und das Zimmer, besser das Apartment, in dem der Onkel wohnte, hatte alles, was man brauchte. Ach ja, noch etwas war ihm aufgefallen. Viele der Häuser in dem Ort waren in einem bestimmten Gelbton gestrichen. In Jerusalem gab es keine bunten Häuser, da waren die Häuser aus Meleke, fast weißem Kalkstein. Hier herrschte Kaisergelb vor.

»Besuch«, rief die Dame, als sie die Tür öffnete und den Teewagen ins Zimmer schob. Onkel Viktor war wach und ließ sein elektrisches Bett am Kopfende in die Höhe fahren, sodass er dann fast aufrecht saß.

»Shalom, Ma nischna?« Sie begrüßten sich herzlich. Außenstehenden wäre es vielleicht vorgekommen, als wenn ein verlorener Sohn heimgekehrt ist. Die erste Frage des Alten war dann aber alles andere als sentimental: »Warst du schon im Geschäft?«

»Nein, ich bin vom Flughafen direkt hierhergekommen«, sagte Jakov. »Du hast es dringend gemacht.«

»Soll ich dir eine Geschichte erzählen?«, fragte der Onkel, der sich freute, weil er ein wenig Schabernack treiben konnte.

»Geschichten hör ich gern«, sagte Jakov.

Der Onkel begann: »Moische liegt im Sterben. Es geht zu Ende, und er kann nicht mehr in seinen kleinen Laden, in dem er sein Leben lang gesessen hatte. Seine Familie sitzt um ihn herum, es brennt nur eine Kerze. Moische ist sparsam, und außerdem sieht er nicht mehr gut. Er fragt: Rachel, meine liebe Frau, bist du da? – Ja, Moischele, ich bin bei dir! – Jakob, mein Sohn, bist du da? – Ja, Vater, ich bin bei dir. – Sarah, mein Feigele, bist du da? – Ja, Tatele, ich bin bei dir. Da schreckt Moische in seinem Bett auf. Und wer ist im Geschäft?, ruft er entsetzt.«

Viktor lachte über seine Geschichte, Frau Gelbstätter verdrehte die Augen, sie hatte sie wohl schon zum wiederholten Male gehört. Und Jakov freute sich, den Onkel bei so guter Stimmung anzutreffen.

»So ist er, Ihr Onkel«, sagte Frau Gelbstätter und goss den beiden Tee ein. »Ohne sein Geschäft kann er nicht leben. Ich muss ihn noch dreimal die Woche mit dem Rollstuhl in den Laden fahren. Heute hat er frei.« Sie lachte.

»Der Duft, weißt du, wenn du den fast dein ganzes Leben in der Nase hattest, dann brauchst du den«, sagte der Onkel fast entschuldigend. »Aber setz dich, wie war die Reise?«

Jakov erzählte, dass er mitten in der Nacht aufgebrochen war. Frau Gelbstätter hörte zu, nahm sich einen Stuhl und setzte sich ebenfalls ans Bett.

»Christa, musst du nicht ins Geschäft?«, fragte Viktor und sah auf seine dicke Uhr, die er um seinen inzwischen dünnen Arm trug.

»Das Lehrmädchen ist da«, sagte sie und machte keine Anstalten, sich auf den Weg zu machen.

»Doch, doch, Christa, geh bitte, ich bin unruhig, wenn du nicht da bist und vielleicht Ware kommt«, sagte er.

»Alles in Ordnung. Wir erwarten nichts.«

Viktor schnaufte. »Ich muss mit Jakov etwas besprechen. Sei so gut und lass uns allein.«

»Wenn du meinst, es ist Zeit für Geheimnisse, bitte.« Sie stand auf, aber man sah ihr an, dass es ihr nicht recht war, ihren Schützling mit dem Besucher allein zu lassen.

»Wenn etwas ist, Herr Jakov, können Sie dort nach der Schwester klingeln«, instruierte sie Jakov mit dem Hinweis auf die Notklingel. »Und achten Sie darauf, dass er nicht plötzlich einen Spaziergang machen will. Ihr Onkel hat manchmal so Anwandlungen.« Sie zwinkerte Jakov zu, sagte zum Onkel: »Ich hole dich morgen wie immer ab.« Und ging.

»Du hast es doch schön hier, Onkelchen. Ein Junge aus dem Schtetl in einem Palast, wer hätte das gedacht«, sagte Jakov und blickte sich im kleinen Zimmer um. Auf einer Anrichte standen ein Menoraleuchter und mehrere Fotos seiner Frau. Er mit ihr als Paar, im Laden, neben der Kasse, in der Synagoge.

»Kostet auch eine Stange Geld«, sagte Viktor. »Darüber muss ich mit dir reden.«

»Über Geld?« Jakov wurde etwas flau im Magen, denn Geld hatte er nicht. Er hatte das Haus seiner Eltern in Jerusalem und die Pension als Hauptmann, aber keine Reichtümer. Wenn der Onkel jetzt für seinen Altersheimaufenthalt einen Zuschuss wollte, würde es eng werden.

Jakov schwieg, sie tranken Tee, Viktor hatte Mühe, die Tasse ohne Unfall auf das Tablett zurückzustellen, und sagte mit leiser Stimme: »Ich muss dir etwas erzählen, was du aber in deinem Herzen verschließen musst.« Er sah seinen Neffen an. »Kannst du schweigen?«

»Viktor, ich bitte dich. Mein Mund ist versiegelt.«

»Ich hab etwas Geld angelegt, und wenn ich denn sterben muss ...«

»Onkelchen, was redest du?«, warf Jakov ein.

»Hör zu, du Narr, wir alle müssen sterben, und ich bin schon lange überfällig. Gott wollte mich bislang nicht haben, ich glaube, er wollte mich nicht sehen. Er hat einen Grund, weil ich Dinge gemacht habe, die nicht zu verzeihen sind.«

»Haben wir nicht alle Schuld auf uns geladen?«, fragte Jakov.

Viktor reagierte unwirsch. »Halt doch mal die Klappe, mich musst du nicht trösten, ich weiß, was ich getan habe. Aber ich habe auch versucht, etwas gutzumachen.« Viktor redete leise, weil er befürchtete, ein Dritter könnte zuhören.

»Ist Christa wirklich weg?«, fragte er, und Jakov nickte. »Sie darf es nämlich nicht wissen.«

Jakov nickte.

»Also, ich habe ein privates Wiedergutmachungsprojekt. Wenn ich tot bin, möchte ich, dass mein Erbe geteilt wird. Den einen Teil soll die Gemeinde hier am Ort bekommen. Ich kenne die Finanzen und weiß, dass es immer schwer ist, den Rabbi zu bezahlen. Das soll ein Ende haben. Und einen Kindergarten wollen sie auch einrichten. Dafür ist dann genug Geld da.«

Jakov nickte erleichtert. Viktor beugte sich vor. »Die Christa soll so viel bekommen, als würde der Laden weiter existieren. Sie wird ihn schließen, die Geschäfte waren in der letzten Zeit nicht so gut. Aber sie soll ihr Auskommen haben bis zur Rente.« Viktor machte eine Pause, dann zog er Jakov ganz dicht zu sich heran. »Die andere Hälfte bekommst du, stellvertretend für meinen Bruder. Du bist der Letzte der Familie, und so soll es sein.« Jakov nickte wieder, der Onkel wollte ihm also etwas vererben.

»Und woraus besteht meine Hälfte?«, fragte Jakov.

»Keine Sorgen. Schulden sind es nicht. Aber ich sage es dir jetzt nicht. Sonst bringst du mich noch um.« Er lachte böse, Jakov sah ihn irritiert an. »Geh mal zu der Anrichte da«, er zeigte hinüber, »geh schon.« Der alte Mann scheuchte seinen Neffen mit einer Handbewegung zu dem Möbel.

»Nimm den Leuchter. Bring ihn mir.«

Jakov machte, was der Onkel wollte. Er reichte ihm den Leuchter.

»Sieh in den Fuß, den Boden kannst du abnehmen.«

Jakov fingerte an dem samtenen Boden herum.

»Mach ihn auf.« Viktor wurde etwas ungeduldig.

Jakov fummelte so lange, bis er die Bodenplatte mit dem Samt in der einen und den Leuchter in der anderen Hand hatte. Auf der Rückseite des Bodenstücks war mit Klebeband ein Schlüssel befestigt.

»Gib ihn mir«, sagte der Onkel. Als er ihn in der Hand hielt, hob er ihn die Höhe und sagte: »Das ist der Schlüssel zu einem Schließfach bei meiner Bank. Ich gebe dir gleich die Adresse und die Vollmacht. In dem Schließfach ist ein Kuvert. Das nimmst du an dich. Es ist versiegelt. Wenn ich gestorben bin, öffnest du es. Da steht alles drin.«

Er reichte seinem Neffen den Schlüssel, drückte ihn in seine Hand und schloss die Hand. »Einverstanden?«

Jakov wusste gar nicht, wie ihm geschah. Er nickte mit dem Kopf.

»So«, sagte der Alte. »Und jetzt ruf die Schwester, ich möchte mich anziehen und mit dir in den Laden. Und du erzählst mir von Jerusalem.«

Als Jakov seinen Onkel eine Stunde später in eine Decke gehüllt im Rollstuhl durch die Innenstadt schob, ahnte er, dass der nicht irgendwer in dieser Stadt war. Die Leute grüßten oder winkten herüber, gingen ein paar Schritte mit ihnen. »Wie geht es Ihnen, Herr Jankowski?« und »Was macht das Geschäft?« Viktor blühte auf dem Weg, der mit dem Rollstuhl kaum mehr als eine Viertelstunde dauerte, regelrecht auf. Sein Augen blitzten hinter der dicken schwarzen Hornbrille, und er sah seinen Neffen an, als wolle er sagen: »Siehst du, ich gehöre dazu. Ich bin ein Bürger dieser Stadt.«

Das Geschäft lag in einer Seitenstraße, etwas abseits der großen Einkaufsstraße, und schien wie aus der Zeit gefallen. Es war klein und voll und dunkel. An den Wänden Regale voller Hemden und Krawatten, davor in Augenhöhe einzelne Hemden wie Beispiele ausgestellt. Es war eher ein Kleiderlager als ein Geschäft. Im Fenster eine Kleiderbüste mit einem Lodenjanker mit handgeschriebenen Preisen.

Als sie die Ladentür öffneten, schlug eine Glocke an. Hinter der Kasse saß ein junges Mädchen von vielleicht 16 Jahren und telefonierte. Sie erschrak, als sie den Chef sah. »Frau … Frau Gelbstätter … also Frau Gelbstätter ist nicht da«, stammelte sie.

»Warum ist kein Licht an, das ist ja finster wie im Grab hier«, sagte Jankowski und ließ sich zum Lichtschalter rollen, um das Licht anzuschalten.

»Heute ist Donnerstag«, sagte die junge Frau, »Sie kommen doch sonst immer am Freitag.«

»Und wo ist Frau Gelbstätter?«, fragte der Onkel.

»Ich kann sie anrufen«, erwiderte das Mädchen und zeigte ihr Telefon.

»Das ist also dein Reich«, sagte Jakov und sah sich in dem Panoptikum um.

Der Onkel war verwirrt und brummte vor sich hin, rollte zur Kasse, öffnete sie, sah hinein und schloss sie wieder.

»Heute war noch niemand da«, sagte das Mädchen.

»Früher hatten wir ein Geschäft in der Haupteinkaufsstraße. Das war eine 1 A Lage, da brummte es. Aber wenn die eigenen Angestellten nicht da sind …«, grummelte er.

Jakov fand, dass der Onkel etwas viel Aufhebens um seinen Nachlass machte. Deshalb hatte er ihn extra hergeholt? Der Laden, das war selbst ihm klar, brachte nichts ein und kostete nur.

Am nächsten Tag ging er zur Bank, holte das versiegelte Kuvert mit den Unterlagen ab und fuhr mit dem Onkel zur Synagoge, wo der Rabbi sie herzlich begrüßte. Und am Abend bis in die Nacht erzählte Viktor seinem Neffen die Geschichte von Jakov Jankowski, Kapo, Funktionshäftling in mehreren Konzentrationslagern. Zwei Tage später fuhr Jakov nach Jerusalem zurück.

Die Gestalt stand in der Tür zum Badezimmer und schwieg. Viktor sah den gestreiften Schatten schon seit einiger Zeit. Immer wenn er das Licht ausmachte und schlafen wollte, stand kurz darauf der Mann da. Er redete nicht und bewegte sich auch nicht. Er war mager und trug einen längs gestreiften Anzug. Er war barfuß und schien strammzustehen. So als würde er auf einen Befehl warten. Viktor drehte sich um, um den Schatten nicht sehen zu müssen. Aber der blieb, das spürte er. »Geh zurück. Verschwinde, sonst melde ich dich.« Aber die Figur blieb wie sein Schatten. Immer wenn es dunkel wurde, selbst wenn er die Augen schloss.

Viktor begann mit dem Schatten zu reden. »Hast du nichts an den Füßen? Ach ja, ihr müsst sie ja abends abliefern, und sie werden vermessen und untersucht, ob sie noch halten. Na, Lurchi, passen dir keine Schuhe mehr? Welche Größe hast du?

Seit wann bist du Schuhläufer? Es wird genommen, was da ist. Wenn einer stirbt, müssen ihm als Erstes die Schuhe ausgezogen werden.«

Dann stand er wieder im Laden vor seiner Kundschaft. »Ach, meine Dame, das kleine Karo wird ihrem Herrn Gemahl gut stehen. Es macht seriös und ist pflegeleicht. Und die Qualität. So ein Jackett hält ein Leben lang. Hahaha. Grüßen Sie den Herrn Gemahl von mir.« Die Gestalt öffnete den Mund und zeigte die Zähne. Es fehlten einige.

Der Arzt hatte Viktor ein leichtes Schlafmittel verschrieben, denn die Nachtschwester hatte berichtet, dass der alte Herr nachts immer reden würde. Frau Gelbstätter achtete darauf, dass er die Pillen nahm.

»Was hast du mit deinem Neffen besprochen?«, fragte sie ihn irgendwann beiläufig.

»Ach nur, für wenn ich mal tot bin«, sagte er, als würde das in weiter Ferne sein. »Ich habe ihm das Testament mitgegeben?«

»So? Ich dachte, dass wollten wir noch besprechen?«, fragte sie.

»Keine Angst, für dich ist gesorgt. Es ist genug da«, sagte Viktor.

»Habe ich dir eigentlich schon erzählt«, sagte sie, »dass ich nun auch die alten Sachen vom Boden geräumt habe?« Ihre Stimme klang hart.

»Schmeiß die bloß weg. Interessiert doch niemanden«, sagte Viktor, der sich genau erinnern konnte, was er in seinem Haus alles zurückgelassen hatte. »Die Möbel hast du doch verkauft?«, fragte er.

»Na, was davon noch zu verkaufen war. Die Wohnzimmercouch war fast fünfzig Jahre alt. Die wollte niemand auch nur geschenkt.«

»Das Stück war doch noch tadellos. Wir haben es damals vom ersten neuen Geld gekauft und abgestottert.«

»Abgeschabt und durchgesessen war das Ding. Nichts als Sperrmüll. Aber ich habe etwas gefunden.«

»Was denn?«, fragte Viktor beiläufig.

»Na, zwischen alten Hemden.« Die Frau achtete genau auf seine Reaktion.

Viktor reagierte ganz gelassen: »Hoffentlich keine unbezahlten Rechnungen.«

»So etwas Ähnliches.« Sie öffnete ihre Handtasche, holte ein Kuvert hervor. Aus dem Kuvert zog sie ein kleines Blatt mit einer Zeichnung hervor und gab es ihm.

Auf dem Blatt waren, mit Bleistift gezeichnet, Männer in Uniformen mit Reithosen vor einer schwarzen Wand, die wie eine Bühne aussah. Nach links trugen zwei Häftlinge einen Toten davon. In der Mitte des Bildes ein kräftiger Häftling, der zwei nackte Menschen vor diese Wand zerrte. Daneben ein Uniformierter mit einer Pistole in der Hand.

Viktor nahm das Bild, sah kurz darauf und warf es auf die Bettdecke. »Was soll das?«, raunzte er.

»Wie hast du das KZ eigentlich überlebt? Woher hattest du das Geld, mit dem du gleich nach dem Krieg den Laden und die Häuser kaufen konntest?«

»Wen interessiert das?« Viktor wandte den Kopf ab.

»Mich. Denn glaubst du, ich weiß nicht, was du gemacht hast?«

»Was soll ich gemacht haben? Wovon redest du?«

»Ich habe einen Anruf bekommen. Ein Journalist fragte nach dir. Er sagte etwas davon, dass er auf der Suche nach Funktionshäftlingen in Auschwitz sei.«

»Ja, und?« Viktor fühlte jetzt schon tagsüber die Gestreiften neben seinem Bett stehen.

»Ich habe gesagt, du seist dement, und er könnte von dir nichts mehr erfahren.«

»So? Ich bin bei klarem Verstand.«

»Ja, ich weiß, der Kapo Jakov Jankowski wusste immer, wann er sich erinnern und was er vergessen musste.«

»Rede nicht so mit mir.«

»Vielleicht sollte ich ihm das Bild geben.« Christa nahm das Bild von der Bettdecke an sich. »Zusammen mit deiner Nummer«, sie tippte auf seinen Unterarm, »ist da bestimmt was rauszubekommen.«

»Was willst du?«, schnaufte Viktor, sichtlich um Atem bemüht.

»Ich weiß nicht, ob die Gemeinde deine Spende dann noch so freudig entgegennehmen wird, wenn die Wahrheit ans Licht kommt. Eine Ehrentafel mit Jankas und deinem Namen wird es dann in der Synagoge wohl nicht geben.«

Viktor starrte Christa an. »Welche Wahrheit?«

»Nimm deine Pillen und schlaf ein wenig«, sagte sie forsch.

In der Nacht sah er Gebisse und Goldzähne vor sich, die aus den Mündern der Toten gebrochen worden waren. Ihm war, als läge er auf den Leichen aus dem Block 13. Er schreckte hoch und schrie. Die Nachtschwester kam und gab ihm ein Beruhigungsmittel.

Jakov war nach seinem Besuch beim Onkel ernsthaft krank geworden. Eine Darmgeschichte, die ihn fast das Leben gekostet hätte. Erst musste er operiert werden, wobei man ihm, wie er sagte, den Bauch ausgeräumt hatte, dann hatte er wochenlang Giftinjektionen und Bestrahlungen bekommen. Jedenfalls hatte er die Gedanken an den alten Onkel vor lauter Schmerzen und Mühsal des Überlebens nach hinten geschoben. Er war auch ein wenig böse auf den Onkel, dass er ihn mit seiner Geschichte belastet hatte. Als er dann den Brief von einem Gericht aus Deutschland mit der Nachricht vom Tod des Onkel bekam, seufzte er: »Möge der Allmächtige ihn segnen unter denen, die um Zion und Jerusalem trauern.«

Er verstand das Schreiben aus Deutschland nicht und legte es zu dem Kuvert, das er vom Onkel bekommen hatte. Sollte sich Samuel, der Freund und Anwalt, darum kümmern. Vielleicht würde ja mit der Erbschaft ein schöner Urlaub herausspringen. Es dauerte ein paar Tage, bis Samuel Zeit hatte, sich die Sache anzusehen. Sie öffneten die Kuverts, besahen sich die Dokumente, und Samuel sagte: »Das verstehe ich nicht. Ich kann kein Deutsch verstehen.«

So kam die Sache zu mir. Der Anwaltskollege sagte: »Goldfine, Sie können doch Deutsch. Können Sie mir sagen, was in den Papieren steht? Wie viel bekommt Jakov?«

Ich fragte ihn: »Samuel Katzenberg, soll ich dir das übersetzen?«

»Nein, lies es und mach, was zu tun ist. Ich kann diese Sprache nicht ausstehen.« Er überließ mir die Unterlagen.

Da war das Testament, das Viktor seinem Neffen gegeben hatte. Es enthielt den Letzten Willen, handschriftlich und eindeutig. Die Angestellte, Frau Gelbstätter, sollte etwa 300 000 Euro bekommen und der Rest zu gleichen Teilen an Jakov und die jüdische Gemeinde gehen. Eine zweite handschriftliche Auflistung mit anhängenden Dokumenten zählte die Besitztümer des Erblassers auf. Ich sah und staunte. Allein auf verschiedenen Geldkonten und Depots waren über drei Millionen

Euro angelegt. Und der Wert der im Besitz des Schuhverkäufers befindlichen Immobilien betrug, inklusive der von ihm finanzierten Synagoge, über 25 Millionen. Ich konnte das zuerst nicht glauben, aber auch nach nochmaliger Prüfung schien es so zu sein.

Dann öffnete ich das Schreiben des Nachlassgerichts.

Etwa drei Wochen vor seinem Tod hatte Viktor Jankowski sein Testament geändert. Das Dokument war nicht von Hand geschrieben, sondern von einem Notar verfasst. Den Nachlass von Viktor Jankowski sollte »wegen der langjährigen Verbundenheit und aus Dankbarkeit« Christa Gelbstätter als Alleinerbin erhalten. Der Neffe Jakov sollte, sobald das Testament rechtskräftig sei, 300 000 Euro erhalten. Alle vorherigen Verfügungen sollten ungültig sein.

Ich verglich die Daten, tatsächlich war das Letztere der letzte Wille des Verstorbenen. Ich besah mir die Dokumente genau. Alles schien korrekt. Auf dem letzten Blatt des als »Letzter Wille« überschriebenen Dokuments stand unten die etwas zittrige Unterschrift von Viktor. »Hiermit bestätigen die Unterzeichnenden, dass Herr Viktor Jankowski bei der Unterzeichnung des Testaments bei Gesundheit und im Vollbesitz seiner geistigen Kräfte war.« Unterzeichnet von dem Notar, seinem Hausarzt, seinem Steuerberater und einem hinzugezogenen Neurologen, alle während der Unterzeichnung anwesend.

Als ich Jakov von der Lektüre berichtete, war er zunächst ganz froh, dass er 300 000 Euro geerbt haben soll.

»Können Sie sich erklären«, fragte ich Jakov am Telefon, »warum ihr Onkel das Testament so kurz vor seinem Tod geändert hat?«

Jakov sagte zuerst »Nein«. Und dann: »Vielleicht wusste jemand was.«

»Was und wer wusste etwas?«, fragte ich.

Er sagte, dass wolle er am Telefon nicht erzählen. Also setzte ich mich schweren Herzens ins Auto und fuhr nach Akko. Als ich dort ankam, hatte sich Jakov in einen Sessel gequält. Die Sache war ihm sichtlich unangenehm. »Der Onkel hat mir das Versprechen abgenommen, zu schweigen.«

»Worüber?«, fragte ich.

»Woher das Geld kommt«, sagte Jakov.

»Aber warum ändert er sein Testament, wo er doch ein paar Monate vorher Sie zu sich bestellt hat, um alles zu besprechen?«

Jakov druckste herum. »Er wurde wohl erpresst«, sagte er schließlich.

»Wie das?«, fragte ich.

»Die Angestellte, Frau, Frau …«

»Gelbstätter, Christa Gelbstätter«, ergänzte ich.

»Jedenfalls wusste sie wohl etwas über den Onkel, dass er auf alle Fälle als Geheimnis bis über seinen Tod behalten wollte.« Jakov schwieg.

»Und?«, frage ich. »Womit kann man einen fast Hundertjährigen noch erpressen?«

»Mit der Erinnerung«, sagte Jakov. »Der Onkel wollte unbedingt als der große gütige Gönner der jüdischen Gemeinde in Erinnerung bleiben. Als Wiedergutmachung, sozusagen.«

»Und was sollte dagegensprechen?«, fragte ich.

»Ja, eben die Erinnerung. Die Frau wusste etwas von ihm, was kein anderer mehr wusste.«

»Nun sagen Sie schon, worum es geht«, forderte ich.

Jakov schwieg, sah einen Moment aus dem Fenster, und dann sagte er: »Sie wusste, dass er die KZs nur überlebt hat, weil er ein Funktionshäftling war.«

»Ein Kapo?«

»Ja, er soll als Kapo einen furchtbaren Ruf gehabt haben«,

berichtete Jakov. »Aber er wollte doch nur überleben. Er hat das gemacht, was man ihm mit der Pistole am Kopf befohlen hat. Er musste die Drecksarbeit für die SS machen.«

»Er hat die eigenen Leute …« sagte ich und mochte nicht weitersprechen. Jakov nickte.

»Und damit hat sie ihn erpresst«, fragte ich.

Jakov nickte. »Wenn das bekannt wird, wird sein Andenken für immer ruiniert sein. Aber er wollte doch alles wiedergutmachen. Er ist ein guter, frommer Jude gewesen.«

»Und wo kommt das viele Geld her?«, fragte ich.

Jakov zuckte wieder mit den Schultern.

»Er hat wohl mit den Lagerleuten zusammengearbeitet.«

»Mit der SS?«, fragte ich. Jakovs Schultern sackten herunter, als würde eine schwere Last auf ihnen liegen. »Sie haben Gold versteckt, und das hat Viktor wohl bei seiner Flucht mitnehmen können.«

Langsam wurde mein Mund trocken. Ich brauchte etwas zu trinken oder frische Luft. »Und damit hat er dann nach dem Krieg seinen Laden und die Häuser gekauft?«

»Dann, dann, dann … «Jakov schlug sich die Hände vors Gesicht, wohl um die Sache nicht zu Ende denken zu müssen.

Ich ging auf die Toilette, wusch mir das Gesicht und die Hände und kam mit einer Überlegung zurück: »Wenn ich das richtig verstehe, wurde der Onkel erpresst, sein Testament zugunsten der Frau Gelbstätter zu ändern, weil sie sonst, sagen wir mal, seine Zusammenarbeit mit den Nazis in Auschwitz öffentlich machen würde.«

»Ja, so ist es wohl«, sagte Jakov.

»Und die Honoratioren der Stadt, wie Steuerberater und Ärzte und Notar, spielen mit, weil …«

»Sie auch kassieren wollen«, fiel Jakov mir ins Wort.

»Okay«, sagte ich. »Da gibt es nur ein Problem. Wenn wir

das Testament anfechten und die Erpressung nachweisen wollen, stecken wir in einer Klemme.«

»Wieso?«, fragte Jakov, »das scheint doch eindeutig. Wenn ich vom Onkel gehört habe, dass man ihn erpresst, ist das doch Grund genug.«

»Nein«, sagte ich. »Um zu beweisen, dass er erpresst wurde, müssen wir nachweisen, dass es dafür einen Grund gab.«

»Ja und?«, fragte Jakov.

»Wir müssen dann beweisen, dass Ihr Onkel Viktor ein Kapo war und Vermögen der eigenen Leute gestohlen hat.«

»Das heißt, um den Betrug aufzudecken, müssen wir den Ruf des Onkels ruinieren«, sagte Jakov.

»So sieht es aus. Überlegen Sie sich, ob Sie das Testament anfechten wollen.«

NACHSPIEL

Chaim – Leben
Wovon dieses Buch nicht erzählt

1936 interessierte sich die Welt nicht für Palästina. In Berlin fanden die Olympischen Spiele statt, in Spanien putschte General Franco, und der Spanische Bürgerkrieg begann, Italien marschierte in Äthiopien ein und machte das letzte Land Afrikas zur Kolonie.

Israel gab es da als Idee, aber nicht als Staat. Es gab auch keinen Staat Palästina, sondern ein seit dem Zusammenbruch des Osmanischen Reichs unter britischem Protektorat stehendes Gebiet, das nach und nach zunächst mit Duldung, später unter zunehmendem Widerstand der dort lebenden Araber von Juden aus Europa besiedelt wurde.

Im September 1936 wurde ich in Haifa geboren. Mein Vater Abraham war 1919 aus Bjelistok (Gorodek), einem Schtetl in Belorus, in den von Theodor Herzl proklamierten zukünftigen »Judenstaat« gekommen. Er floh als junger Mann wie viele aus dem vom Krieg verwüsteten Weißrussland und vor den Wirren der Russischen Revolution. Seine Heimat wurde nach dem Frieden von Brest-Litowsk und durch den Versailler Vertrag neu aufgeteilt, und wer konnte, ging weg. Sein Bruder Bernard entschied sich für die USA, ein anderer Bruder, Samuel, für Argentinien, mein Vater für Palästina. Er ließ Chaos, Hunger und die Bolschewiken hinter sich und folgte mit 19 Jahren dem Ruf der Zionisten. Alles schien auf gutem Weg, denn die Briten hatten am 2. November 1917 die »Gründung einer nationalen Heimstätte für das jüdische Volk« in ihrem Protektorat Palästina versprochen.

Mein Vater hatte wie alle jüdischen Einwanderer große Ziele. Er wollte den Judenstaat und den Sozialismus, wollte dorthin, wo Milch und Honig fließen. Vor allem wollte er Frieden und eine Zukunft. Er war einer der ersten Chawerim, Mitglieder eines Kibbuz. Die Kibbuzim waren kollektivistisch organisiert, es gab kein Privateigentum, und in einigen wurde die Kleinfamilie als Relikt der Vergangenheit angesehen. Kibbuzim waren Kollektive, ohne die die Juden sich in Palästina weder in der Natur noch gegen die Nachbarn hätten durchsetzen können. Noch heute prägt dieser Zusammenhalt das Land. Mein Vater begründete die Kibbuzim Ajelet Haschachr und Yesod Hamaala mit. Sie wurden später zu Urzellen des Staates Israel.

David Ben-Gurion, der damalige Leiter der *Jewish Agency*, bot 1936 in Verhandlungen mit arabischen Führern an, eine Föderation unabhängiger Staaten zu gründen. Er machte ihnen aber auch klar: »Wir werden hierherkommen, ob es nun eine jüdisch-arabische Verständigung gibt oder nicht«, schreibt Joachim Schlör in einem Nachwort zu den Memoiren von Ben-Gurion. Und weiter: »In Deutschland herrschen die Nationalsozialisten, die Nürnberger Gesetze sind erlassen, an der Absicht Hitlers, Europa mit Krieg zu überziehen, besteht kein Zweifel mehr.«

Meine Mutter Rachel Stadtland war die Enkelin des Oberrabbiners von Jaffa. Ihre Familie lebte seit 1857 im Libanon und in Palästina, und als sich meine Eltern kennenlernten, trafen in ihnen zwei Grundströmungen des jüdischen Volkes aufeinander. Einerseits das religiöse, auf Tradition und Sitte orientierte orientalische Judentum der Familie meiner Mutter, andererseits der revolutionäre und antireligiöse Zionismus meines Vaters.

Das eine solche Ehe funktionieren kann, daran ließen meine Eltern keinen Zweifel. Nur wollte meine Mutter nicht im Kibbuz in Sumpf oder Wüste leben, sie war am Meer in Haifa aufgewachsen. Die Stadt an den Hängen des Karmelgebirges mit dem großen Hafen wurde daher der Lebensmittelpunkt der jungen Familie. Als ich drei Jahre alt war, beschlossen meine Eltern, dass ich meinen Großeltern vorgestellt werden sollte, und meine Mutter – mein Vater war unabkömmlich und wie oft in geheimer Mission unterwegs – und ich reisten im Sommer 1939 nach Weißrussland zur Oma. Kaum waren wir dort, fiel die Hitlerarmee in Polen ein, und meine Mutter wollte schnellstmöglich zurück. Wir sind dann über Konstanza am Schwarzen Meer mit einem Schiff voller Flüchtlinge über Istanbul nach Haifa gefahren. Die Schiffsverbindung Konstanza–Haifa wurde bis 1942 zu einer der Hauptrouten für jüdische Flüchtlinge. Bis es keine Schiffe mehr gab. 1942 wurde die »Struma«, ein maroder ehemaliger Frachtdampfer mit 762 Passagieren an Bord, der vor Istanbul mit einem Motorschaden liegen geblieben war, von den neutralen Türken ins Schwarze Meer zurückgeschleppt und dort von einem sowjetischen U-Boot versenkt. Das Ende einer Flucht, deren glückliches Ende von Deutschen, Russen, Türken und Engländern nicht gewollt war.

Meinem Vater war das Leben im Kibbuz auf die Dauer zu eng. Er war ein Organisator, sprach nicht nur Jiddisch und Hebräisch, sondern auch Englisch und Arabisch und war ein geschickter Unterhändler. Er nutzte dies, um zwischen den Briten im Auftrag von George V. und dem jordanischen König Abdullah zu vermitteln. So kam es wohl auch zu der Idee, im Tal von Hammat Gader, am östlichen Ende des Golan, an der Grenze zu Syrien und dem späteren Jordanien ein Hotel zu bauen. Al-Hamma, wie die Araber, oder Amatha, wie die Griechen das Gebiet nennen, ist ein faszinierender Ort mit fünf Mineralquellen, die bis zu 50 Grad heiß sind und seit 200 vor Chr. als Thermalbad genutzt werden. Seit der 10. römischen Legion, die dort nicht nur Bäder, sondern auch ein Amphitheater einrichteten, war es ein Ort, an dem es sich die jeweiligen Herrscher gutgehen ließen. Es gab im Tal eine Synagoge, eine Moschee und Bauten der Ummayaden, ein historischer Ort und von symbolischer Kraft, der erst 1932 von Archäologen wiederentdeckt worden war. Wer in Hammat Gader kurte, der hatte, so erzählten es sich die Alten, das Sagen in Golan und am See Genezaret. Das war wohl auch der Grund, warum der damalige Kommandant der paramilitärischen Jugendorganisation Palmach, Moshe Dajan, meinen Vater 1946 animierte, das gerade eroberte Gelände zu kaufen und ein Kurhotel zu bauen.

Mein Vater zahlte dem arabischen Besitzer die damals riesige Summe von 20 000 Pfund Goldsterling für die 194 Dunam, was einer Fläche von 178 000 qm entsprach. Da es aufgrund der Abkommen Juden nicht erlaubt war, Grund und Boden in Palästina zu erwerben, kaufte der arabische Partner meines Vaters, Suleyman Bek, offiziell das Gelände. Sie unterzeichneten gleichzeitig eine Vereinbarung, dass er den Besitz nur treuhänderisch verwaltete, bis die Gesetzeslage eine Eintragung auf Abraham Goldfine zuließ. Wir zogen in das umkämpfte Jarmuch-Tal, meine Eltern waren mit dem Bau und der Eröffnung des Hotels beschäftigt. Das zweistöckige Haus mit 36 Zimmern war 1947 das einzige Kurhotel Palästinas mit einer Therme. Die gesamte Elite der jüdischen Gesellschaft war bei uns zu Gast. Ich bekam davon nur am Rande etwas mit, denn während meine Eltern Gäste begrüßten, Betten bezogen, kochten und putzten, ging ich schwimmen und mit den Kindern von Suleyman spielen. Bek hatte eine große Familie mit zehn Kindern, und da kam es auf einen Esser mehr nicht an. Ich lebte also mehr oder weniger bei ihnen, aß und schlief dort. Eine unbeschwerte Zeit als Elfjähriger mit Schlangen fangen und Skorpione dressieren. Wie selbstverständlich lernte ich Arabisch und betete mit meinen muslimischen Freunden. Bald hatte ich einen eigenen Gebetsteppich. Als der Unabhängigkeitskrieg begann, besetzte die syrische Armee unser Tal und zog mit ihrer Kommandantur in unser Hotel. Der Hotelbetrieb und die Badefreuden der Therme hatten kaum begonnen, schon waren sie wieder beendet. Wir mussten über Nacht unser Haus verlassen und zurück nach Haifa, um Hammat Gader wurde gekämpft. 1949 einigten sich Syrien, Jordanien und das neu gegründete Israel auf Grenzen. Die zu Jordanien lief nun direkt hinter unserem Hotel entlang. Das Tal wurde zur entmilitarisierten Zone erklärt, und die Quellen von Al-Hamma sprudelten nur noch für die Tiere. Erst 1967, nach dem Sechstagekrieg und der Besetzung der Golanhöhen durch die israelische Armee, kam wieder Leben ins Tal. Die staatliche Verwaltung gab das Gelände – ohne meinen Vater zu fragen oder die Eigentumsverhältnisse zu klären – an drei Kibbuzim, die dort seitdem eine Therme und die einzige Krokodilfarm des Nahen Ostens betreiben.

Wir wohnten wieder in Haifa. Als Junge zog es mich in den Hafen, wo ein Schiff mit dem biblischen Namen »Exodus« angekommen war. Das Schiff symbolisierte das Drama Israels. Mit der »Exodus« waren über 4000 Überlebende des

Holocaust über das Mittelmeer nach Palästina geflüchtet. Die britische Regierung verhinderte die ihrer Meinung nach »illegale« Einwanderung in ihr Noch-Protektorat mit Waffengewalt. Marinekreuzer begleiteten das vollkommen überladene Schiff auf dem Weg von Marseille nach Haifa. Soldaten enterten im Hafen das Schiff, bevor die Passagiere das rettende Ufer erreichen konnten. Mit vorgehaltener Pistole zwangen sie die im KZ dem Tod entkommenen Flüchtlinge auf andere Schiffe und brachten sie nach Europa – einige bis nach Hamburg – zurück. Ein ungeheures Trauma, das sich tief in die jüdische Seele eingegraben hat. Das Schiff lag nun wie eine offene Wunde im Hafen und wurde zu unserem Spielplatz.

Der Versuch der Briten, die Besiedlung des gelobten Landes durch die Juden zu verhindern, hatte aus Verbündeten Gegner gemacht. Die Überlebenden kamen nachts mit Schiffen, heimlich über Land, aus Russland, Polen, Deutschland, Frankreich. Von überall her kamen sie, oft hatten sie nichts weiter als ihre Kleidung, mal einen Koffer oder einen Rucksack. Viele waren krank, aber immer glücklich, es geschafft zu haben. Viele starben am Ziel ihrer Träume, zu sehr hatte sie alles erschöpft.

Sie gerieten von dem einen in den anderen Krieg. Aus Häftlingen wurden Kämpfer, die ihre neue Heimat erstreiten mussten. Es gab noch keine reguläre Armee, sondern die unterschiedlichsten bewaffneten Gruppen, die sich den Arabern entgegenstellten und die Unabhängigkeit Israels von den Briten erkämpften.

Am 14. Mai 1948 endete die britische Kolonialherrschaft über Palästina. Ich war elf Jahre alt, die Familie und alle Nachbarn versammelten sich vor dem Radio und den Lautsprechern, die man auf Straßen und Plätzen aufgehängt hatte. Es erklang die Stimme von Ben-Gurion. Er verlas die Unabhängigkeitserklärung. Unter anderem mit dem entscheidenden Satz: »Wir beschließen, dass vom Augenblick der Beendigung des Mandates, heute um Mitternacht, dem sechsten Tage des Monats Ijar des Jahres 5708, dem 15. Mai 1948, bis zur Amtsübernahme durch verfassungsgemäß zu bestimmende Staatsbehörden, doch nicht später als bis zum 1. Oktober 1948, der Nationalrat als vorläufiger Staatsrat und dessen ausführendes Organ, die Volksverwaltung, als zeitweilige Regierung des jüdischen Staates wirken sollen. Der Name des Staates lautet Israel.«

Eine unendliche halbe Stunde dauerte die Rede, und danach wurde gejubelt und gefeiert. Unsere Chawerim umarmten uns, mein Vater war stolz, dass wir es mit »unseren Leuten« – viele der Staatsgründer kamen wie er aus Polen – geschafft hatten. Über dreißig Jahre lang hatte er diesen Tag herbeigesehnt.

Ich besuchte das Gymnasium in Haifa und studierte nach dem Abitur an der rechtswissenschaftlichen Fakultät in Jerusalem. Die provisorischen Vorlesungs- und Seminarräume der Universität waren in Ratisbonne, einem christlichen Kloster im westlichen Jerusalem, untergebracht. Die Mönche schlossen abends die Tore, und Studenten wie Dozenten mussten morgens, wenn wir zu ersten Vorlesung in die Räume wollten, manchmal über den Zaun klettern.

Schon als Schüler, aber vor allem während meines Studiums besuchte ich häufig Prozesse in den Gerichten in Haifa und Jerusalem. Dort erlebte ich auch den Prozess um die Verleumdung von Reszö Kasztner.

Nach dem Abschluss des Studiums als Jurist leistete ich von 1958 bis 1961 wie alle jungen Männer und Frauen meinen Militärdienst. Ich ging auf die Offiziersschule, lernte dort einige wichtige Kameraden kennen, die später meine Freunde blieben, wurde Leutnant und diente unter anderem in der Militärstaatsanwaltschaft.

Es war die Zeit, als Yassir Arafat die *Bewegung zur Befreiung Palästinas,* die *Fatah,* gründete und deren Studenten-Organisation von Gaza aus begann, Häuser und Menschen in Israel anzugreifen. Ich lernte, achtsam zu sein und mich und meinen Staat zu verteidigen. Als israelischer Soldat behält man die Operationen, an denen man beteiligt war, für sich.

Traditionell macht sich jeder junge Israeli, der den Militärdienst absolviert hat, anschließend auf eine »Grand Tour«. Anfang der 1960er-Jahre war Frankreich das beliebteste Ziel. Auch ich fuhr an die Côte d'Azur und erlebte so etwas wie die Leichtigkeit des Seins. Morgens zu überlegen, ob man Croissant oder Brioche isst, anstatt wie in Jerusalem auf dem Weg zum Bäcker die Pistole dabeihaben zu müssen, war schön.

Irgendwann in diesem langen Sommer erreichte mich die Nachricht meiner Mutter, dass mein Onkel Max in Frankfurt am Main gestorben sei und ich mich um meine Tante Miriam, genannt Mary, und ihre zwei kleinen Kinder – »Du bist ja in der Nähe« – kümmern sollte. Von Israel aus ist in Europa alles »in der Nähe«. Und so kam ich 1961 in Frankfurt an – ohne ein Wort Deutsch zu sprechen.

Ich wusste nicht so recht, was ich beruflich machen sollte. Ich wollte Strafverteidiger werden, aber auch die Forschung und das tiefere Einsteigen in die Grundlagen des Rechts interessierten mich. In Israel stand der Prozess gegen Adolf Eichmann auf der Tagesordnung. Er war unter anderem von Rafi Eitan gekidnappt und nach Jerusalem gebracht worden. Den Tipp hatte der Mossad von dem hessischen Generalstaatsanwalt Fritz Bauer bekommen, der gerade damit beschäftigt war, den Auschwitz-Prozess in Frankfurt vorzubereiten. Die Auseinandersetzung mit dem Nationalsozialismus steckte noch in den Anfängen und wurde tatkräftig hintertrieben. Bauer hatte in der Pfalz vor Jugendlichen einen Vortrag über die »Wurzeln des faschistischen und nationalsozialistischen Handelns« gehalten, und der junge CDU-Abgeordnete Helmut Kohl verhinderte den Druck und die Verteilung des Vortrags an Schulen mit der Begründung: »Der zeitliche Abstand vom Nationalsozialismus sei zu gering, um sich darüber ein abschließendes Urteil erlauben zu können.«

Wie so oft in meinem Leben würfelte dann der Zufall und ließ mich auf dem Campus der Frankfurter Universität einem älteren Herrn über den Weg laufen. Ich war auf der Suche nach dem Sekretariat der Uni, um mich nach einem Deutschkurs zu erkundigen, als er mich ansprach. Ich hatte wohl ein großes Fragezeichen im Gesicht.

»Wo wollen Sie hin, junger Mann?«, fragte er. Und ich antwortete: »Ich will Deutsch lernen.« Wir sprachen dann auf Englisch weiter, und er fragte mich, woher ich käme. Ich war mir nicht sicher, ob die Antwort »aus Israel« gut ankommen würde, sagte es aber trotzdem. Der Herr in Hut und Mantel reagierte erfreut. Um es kurz zu machen, er hieß Walter Mallmann und war Professor an der juristischen Fakultät.

Ja, und dann fragte er, was ich studiert habe. Als ich ihm sagte, Jura in Jerusalem, lachte er und meinte: »Das wollte ich auch immer mal machen.« Und: »Ich hatte vor dem Krieg, Sie wissen schon, einen Kommilitonen, ein talentierter Mann, der 33 nach Jerusalem gegangen ist. Würde zu gern wissen, ob er den Krieg überlebt hat.«

Ja, und dann fiel der Würfel des Zufalls auf die Sechs. »Wie heißt er denn?«, fragte ich.

»Ach, das ist so lange her. Hans Klinghofer. Wäre ja zu …«

»Den kenne ich«, sagte ich. »Das ist mein Diplomvater. Bei ihm habe ich studiert.« Der Rest ist schnell berichtet. Am

Abend telefonierten wir mit Jerusalem. Die Freunde fanden sich. Und ich fand mich ab der nächsten Woche im Seminar von Prof. Mallmann wieder, dann in einem Deutschkurs. Ich wurde sein Schüler und studierte vergleichende Rechtswissenschaft, um zu promovieren. Das Thema meiner Dissertation lautete: »Herkunft und Quellen des gegenwärtigen israelischen Rechts.«

Es war eine gute Zeit in Frankfurt, die Kommilitonen waren freundlich, und vor allem die Studentinnen gefielen mir. Eine besonders. Sie war die Tochter einer berühmten Unternehmerfamilie, und wir verbrachten viel Zeit miteinander. Ich ging bald in ihrem Elternhaus ein und aus, und an Weihnachten 1965 luden mich ihre Eltern ein, in ihrem Landhaus in Oberbayern Weihnachten und Silvester zu feiern. Für einen Jungen, der in Gallilea und im Karmelgebirge aufgewachsen ist und in der Hitze der Wüste sozialisiert wurde, ist Oberbayern im Winter ein unwirklicher Ort. Es war einfach schön, im Schnee zu wandern und hinterher in der warmen Stube Jägertee zu trinken. Alles war gut, und so machte es mir auch nichts aus, dass meine Freundin und ihre Eltern an einem Abend zwischen den Jahren mich im Haus zurückließen, um Freunde zu besuchen. Der Abend war so schön, dass ich nach dem Abendbrot beschloss, allein einen Spaziergang zu machen. Ich stapfte also durch den knirschenden Schnee in den Ort hinunter, sah in den Häusern die Kerzen an den Weihnachtsbäumen brennen und freute mich des Lebens. Ich schlenderte durch den Ort und kam an einem dieser Häuser mit Lüftlmalerei und geschnitzten Balkonen vorbei, in dem gerade ein Fest stattfand. Frauen in schönen Kleidern und Männer in dunklen Anzügen prosteten sich zu. Ich sah zufällig die Mutter meiner Freundin am Fenster vorbeigehen und blieb stehen. Vor dem mit Lametta geschmückten Weihnachtsbaum standen Männer in grauen Wehrmachts- und schwarzen SS-Uniformen und prosteten sich zu. Ich konnte nicht hören, was sie riefen. Ich war verwirrt. War ich in eine Nazi-Familie geraten? Warum war meine Freundin dabei? Es war das Jahr 1965. Was wollte ich hier? Ich ging zurück und sagte nichts, als meine Gastgeber in der Nacht zurückkamen. Am nächsten Tag packte ich meine Sachen und ging. Ich erfand eine Ausrede, warum ich dringend zurück nach Frankfurt musste. Auch meine Freundin fragte nicht. Wir ließen es dabei.

Als Student braucht man immer Geld, auch wenn meine Grundbedürfnisse durch ein Stipendium des DAAD gesichert waren. Also suchte ich mir einen Job und wurde Haustürverkäufer der »Encyclopedia Britannica«. Meine Kunden waren unter anderem die Professoren der Frankfurter Universität, die ich nach dem Vorlesungsverzeichnis abarbeitete. Mein größter Erfolg als Vertreter war der Verkauf einer in Leder gebundenen Ausgabe zum stolzen Preis von fast 3000 DM an Theodor W. Adorno. Ich glaube, er hat mir die Bücher aus Mitleid abgekauft, oder weil ich gut zuhören konnte oder weil er es interessant fand, sich mit einem Israeli zu unterhalten. Er sagte mir an dem Abend mehrere Male, dass er so etwas wie ein Lexikon gar nicht brauche, entschied sich dann aber doch für die teuerste Variante. Und er spielte mir ein kleines Stück von Chopin auf dem Klavier vor. Darauf bin ich noch heute besonders stolz. Die Provision, die ich für diesen Verkauf bekam, reichte mir für einen ganzen Monat.

Da ich bald ganz gut Deutsch sprach, konnte ich bei israelischen Angeklagten vor Gericht als Übersetzer arbeiten. Dort konnte ich gelegentlich Generalstaatsanwalt Fritz Bauer, ein großer Mann, sowohl von Statur wie auch in seinem Auftreten, sehen und mit ihm sprechen. In einem der Verfahren, bei dem ich übersetzte, war Shimon Rimon, den man in Israel besser unter dem Namen *Kushi* (der Neger) kannte, angeklagt. Kushi war ein Findelkind, unbestätigten Gerüchten zufolge orientalischer Herkunft, das bei einer deutsch-jüdischen Familie aufgewachsen war. Sein Ziehvater, Meir Har Zion, gehörte zur legendären Einheit 101 unter dem Kommando von Ariel Scharon. Kushi selbst war in Israel ein großer Natur-Abenteurer gewesen, der durch die Wüste ging und Expeditionen zu den Stätten von Petra unternahm, als noch niemand sich dorthin traute. In Frankfurt hatte er sich auf ein Abenteuer eingelassen, das weniger gut ausging. Er hatte für eine Bande von Kokainhändlern den Fahrer und Leibwächter gespielt und war erwischt worden. Er war nicht der Boss, sondern nur ein Kurier und eigentlich eine Nebenfigur. Aber Kushi war eigen. Ihm passte nicht, dass eine Richterin die Verhandlung führte, und so blieb er immer demonstrativ sitzen, wenn sie den Saal betrat. Ich sagte zu ihm: »Kushi, steh auf. Zeig dem Gericht Respekt.« Aber Kushi meinte nur: »Sie ist eine Frau.« Es kam, wie es kommen musste. Trotz mehrfacher Ermahnung durch die Richterin und meiner Warnungen wollte Kushi es wissen und benahm sich fürchterlich. Und er bekam die Quittung. Während der Drogenboss zu zehneinhalb Jahren Gefängnis und die Mittäter zu drei und sechs Jahren verurteilt wurden, bekam Kushi eine Strafe von zehn Jahren Gefängnis, von denen er sechs Jahre absitzen musste. Er war deshalb auf mich, den Übersetzer, nicht gut zu sprechen.

Aber es gab in Frankfurt auch das Vergnügen. Zum Beispiel das »Meckie Messer«, eine Kneipe an der Bockenheimer Warte, in die ich regelmäßig ging. Dort verkehrten auch Andreas Baader und seine Freundin Gudrun Ensslin. Mit Baader konnte ich mich bestens über schnelle Autos und – wenn seine Freundin nicht dabei war – über schöne Frauen unterhalten. Aber die Musik spielte damals in Berlin, und ich hatte wieder einmal

Glück und wurde 1968 Assistent im Institut für internationales Recht bei Prof. Wilhelm Wengler. Während an der Uni Rudi Dutschke und Peter Schneider das große Wort führten und dabei waren, die Revolution vorzubereiten, überlegte ich, ob ich habilitieren sollte.

Ich entschied mich erst einmal gegen die Revolution und auch gegen die Habilitation und kehrte 1969 nach Israel zurück, um bei meinem Freund Aharon Barak, dem späteren Präsidenten des obersten Gerichts von Israel, als Assistent am Institut für Rechtsvergleichung und internationales Privatrecht zu arbeiten. Irgendwann traf ich Teddy Kollek, der einige Jahre schon Bürgermeister von Jerusalem war. Er war ein Freund meines Vaters, wie er ein Kibbuznik. Als Teddy hörte, dass ich in Deutschland studiert hatte, aber noch kein Professor war, meinte er, das ginge nicht. Er entschied: Du gehst nach Deutschland und forschst. »Ich telefoniere mit Axel«, er meinte Axel Springer, »der soll dir ein Stipendium besorgen.« Und so geschah es, und ich fand mich ein Jahr später in Hamburg am Max-Planck-Institut wieder, vergrub mich in Bücher und schrieb. Zuerst »Die Einführung in das jüdische Recht«, dann über »Jüdisches und israelisches Eherecht« sowie Aufsätze über mohammedanisches Recht und anderes mehr. Ich war tatsächlich kurz davor, mich auf den langen Weg zu machen, ein Rechtsprofessor zu werden.

Dann kam wieder einer dieser Zu-Fälle ins Spiel. Ich traf einen jungen Anwalt, der aus der DDR kam und dem man ansah, dass er etwas bewegen wollte. Er hatte auch gleich einen Fall, für den er mich brauchen konnte, weil ich Hebräisch verstand. Es ging um Drogen. Ein Drogenhändler aus Israel hatte ein geniales Vertriebssystem für Kokain entwickelt. Er verkaufte das weiße Pulver über Apotheken. Das war aufgeflogen, und das Mandat für die Verteidigung des Kokainhändlers hatte der junge Anwalt Gerhard Strate. Ich kann mich nicht erinnern, wie der Fall ausgegangen ist. Nur besser als mit Strate hätte es mein Landsmann nicht treffen können.

Ich stieg aus dem Wissenschaftsbetrieb aus und ging eine Bürogemeinschaft mit dem Hamburger Anwalt Udo Jacob ein. Da ich in Deutschland zwar promoviert, aber nicht das zweite Staatsexamen abgelegt hatte, durfte ich an deutschen Gerichten nur zusammen mit meinem Kollegen und mit Erlaubnis des jeweiligen Richters verteidigen.

Was in den folgenden Jahren passierte, füllt etwa 800 Aktenordner und umfasst etwa 300 Verfahren, an denen ich beteiligt war und bin. Zehn Fälle haben es in dieses Buch geschafft. Andere warten noch darauf, erzählt zu werden. Es gibt auch Fälle, in denen ich es abgelehnt habe, den Mandanten weiter zu verteidigen. Zum Beispiel, weil er von mir Dinge verlangte, die ich weder leisten konnte noch bereit war, zu tun. Ein solcher Fall ist der eines Maklers in Hamburg, der beschuldigt wurde, seine Freundin umgebracht zu haben. Die Ermittlungen der Polizei und die Schlussfolgerungen der Staatsanwaltschaft waren so lückenhaft und schludrig, dass es mir nicht schwerfiel, diese Fehler aufzudecken. Ich brauchte, um die Fehler nachzuweisen, nicht viel mehr als ein Maßband und eine Tatortskizze. Ich konnte zeigen, dass es so, wie die Staatsanwaltschaft es vorgetragen hatte, nicht gewesen sein konnte. Mein Mandant war hocherfreut über die Wende. Er wollte einen Freispruch erster Klasse.

Meine Untersuchungen hatten aber auch ergeben, dass die Polizei ein anderes Detail übersehen hatte. Und danach war mein Mandant eindeutig der Täter. Aber ein Anwalt ist nicht dazu da, die Arbeit der Polizei zu machen. Ich wusste, er hatte seine Freundin umgebracht und dann den Tatort manipuliert. Ich habe es ihm auf den Kopf zugesagt. Er wollte den Freispruch. Wir haben uns dann darauf geeinigt, dass er mir das Vertrauen und das Mandat entzieht.

Zurückgegeben habe ich auch einen Auftrag, im »Fall Barschel« zu ermitteln. Obwohl Freunde des Ministerpräsidenten von Schleswig-Holstein wussten, dass ich ein guter Bekannter seines Erzrivalen, des damaligen SPD-Oppositionsführers Björn Engholm, war, baten sie mich, die Ereignisse im Hotel »Beau Rivage« zu untersuchen. Schon bald nachdem ich mich in den Fall eingearbeitet und einige Nachforschungen angestellt hatte, wurde mir klar, dass es sich hier um gefährliches Terrain handelte. Es gab viele Anhaltspunkte, die zu der Annahme führen konnten, dass Uwe Barschel nicht freiwillig in die Wanne gestiegen war. Ich befand mich unversehens in einem Minenfeld aus Bundesnachrichtendienst, der Staatssicherheit der DDR, des israelischen Mossad und des südafrikanischen Geheimdienstes BOSS. Ich bekam Hinweise mit zarten Bemerkungen wie: »Wie geht es eigentlich Ihrer Frau und Ihrem Sohn?« Zudem starben zwei Informanten, einer war ein Schweizer Uhrmacher, unvermittelt. Wäre ich John le Carré, hätte ich einen prima Plot gehabt, als Anwalt musste ich erkennen, wann der Spaß zu weit geht und Neugier tödlich sein kann. Es gibt sie tatsächlich, *die hoffnungslosen Fälle.*

YITZHAK GOLDFINE SEIN ...

Kennen Sie die Filmkomödie *Being John Malkovich*? In dem Film gelangt der Puppenspieler Craig Schwartz durch einen schmalen Gang im 7½ Stock eines Bürogebäudes in Manhattan direkt in den Kopf des Schauspielers John Malkovich. Er sieht und fühlt wie Malkovich und nimmt direkt an dessen Leben teil.

Ein wenig kam ich mir in den letzten Monaten vor, als würde ich »Being Yitzhak Goldfine« spielen. Ich hatte das Vergnügen, mit Yitzhak Goldfine in Tel Aviv und Berlin an diesem Buch zu arbeiten. Ich habe seine Akten gelesen, wir haben recherchiert, Orte besucht und mit Personen gesprochen. Vor allem aber haben wir uns über die Fälle unterhalten, über die in diesem Buch zu lesen ist. Ich habe versucht, die Dinge zu sehen wie er, zu denken und zu argumentieren wie er, zu schreiben, wie er erzählt. Sehr oft habe ich mich von seinen Schilderungen mitreißen lassen, hatte sofort die ganze Geschichte im Kopf, musste sie nur noch aufschreiben. Andere Fälle, wie der Fall Schneider, waren so umfangreich, dass ich zwei Wochen auf seiner Terrasse in Or Yehuda gesessen habe und Akte um Akte studieren musste, nur um zu begreifen, worum es ging. Und wenn etwas unlösbar erschien, hatte Yitzhak immer eine Idee, zog einen Brief oder eine Akte aus dem Regal, rief aus Tokio oder New York an und sagte: »Mir ist da noch etwas eingefallen.«

Und dann sind da noch die Fälle, die sich während des Schreibens überhaupt erst einer Lösung näherten. Der Fall der Satmar und auch der Fall Schneider werden durch dieses Buch erst wieder aktuell oder ereigneten sich, während wir schon schrieben. *Crime in progress.* Wir liefern mit diesen Geschichten nur einen Zwischenbericht, die Akten sind noch »offen«, weitere Ermittlungen sind auf dem Weg.

Yitzhak Goldfine ist in seinem Berufsleben immer etwas eingefallen. Er liebt seinen Beruf, und ich freue mich, dass ich mit ihm ein paar seiner Fälle durchleben und Sie mit auf diesen Trip nehmen konnte.

Im September 2016
Peter Mathews